Cornelius Hinze

NIMM DEIN LEBEN NICHT PERSÖNLICH

Eine Reise zum Selbst

IMPRESSUM

© 2021 Cornelius Hinze

Herstellung und Verlag:
BoD – Books on Demand, Norderstedt

Lektorat:
Ina Kleinod, www.sinntext.de
Dr. Hanne Landbeck, www.schreibwerk-berlin.com

Umschlaggestaltung & Satz:
Konstantin Banmann, www.kontinuum-art.de
Natalie Nicola, www.schreib-vielfalt.de
ISBN: 978-3-754-32264-2

Bibliografische Information der Deutschen Nationalbibliothek:
Die Deutsche Nationalbibliothek verzeichnet diese Publikation in der Deutschen Nationalbibliografie; detaillierte bibliografische Daten sind im Internet über http://dnb.dnb.de abrufbar.

INHALTSVERZEICHNIS

VORWORT

Indien, an einem Kraftplatz mitten im Urwald. Ich nehme gerade, aufrecht sitzend, den zweiten Becher zu mir. Der zähe braune Trank schmeckt wunderbar intensiv. Gleich wird es losgehen ... und dann ist sie auch schon da, diese unbändige Kraft, die mich mitnimmt. Wieder fällt mir auf, wie lang der Weg ist, bis ich „draußen" bin! „Draußen" meint abseits dessen, was gekannt ist, jenseits der Identifikationen, die meine Persönlichkeit auszumachen scheinen.

„Umarme die heilige Mutter mit Titanhänden und lasse sie nicht mehr los, wohin sie dich auch führt", hat er gesagt, und genau das tue ich. „Denn sie führt dich immer wieder heil zurück", echot es in mir, als ich loslasse. Und dann ist da dieses Licht. Wie eine Fontäne strahlt es von oben direkt in meinen Scheitel, unaufhörlich. Meine Körperwahrnehmung schwindet zusehends, was bleibt, ist die Wahrnehmung des kleinen Amuletts meines Vaters, welches er von einem philippinischen Heiler vor langer Zeit bekommen hatte.

Kühl liegt es da, wo vorher noch meine Hand darunter zu spüren war. Diese spüre ich, wie den Rest von meinem Körper, nicht mehr, doch das Amulett ist mein Anker in der irdischen Welt. Mitten in den immensen Lichtströmen werde ich wie hochgezogen – kraftvoll und schnell. Alte Leben, Lebensinhalte rasen an mir vorbei. In Sekunden erlebe ich Krieg und Elend verschiedener Zeiten, wie Erinnerungen.

Mal erfahre ich mich als Täter, mal als Opfer innerhalb unvorstellbaren Leids. Ich erfasse die Beweggründe jeder Seite und die Lösungsansätze, welche dies alles vermeiden könnten. Dann ... ein neuer Raum. Ich bin inmitten von ständig variierenden Farben und Formen mehrdimensionalen Ausmaßes.

„Das ist die Schöpfungsenergie", erfahre ich ... und bin beseelt und absolut glücklich. Ein Gedanke erreicht mich: „Wie konnte ich jemals etwas anderes tun, als glücklich und dankbar zu sein?"

Dann ein weiterer Raum. Ich schaue an mir herunter und wundere mich: Ich bin ein junger, kleiner, transparent blau schimmernder Puma. Ich stehe mit anderen, meist größeren transparent schimmernden Lichtwesen in einem Raum, der nichts Menschliches erkennen lässt. „Du bist ein Hüter der Erde, das ist deine Aufgabe", erfahre ich. Und wie ich da so stehe, geht es mir wunderbar: „Ja, Hüter der Mutter Erde zu sein, das ist schön, hier bleibe ich."

Nach und nach wird mir meine alte Existenz als Mensch bewusst. „Irgendwo da unten sitzt ja noch mein Körper. Ob ich dahin wieder zurückmuss?", frage ich mich. „Vielleicht merkt es ja auch niemand und ich kann für immer hier bleiben", höre ich mich selbst. Doch nach einiger Zeit nehme ich meinen menschlichen Körper immer deutlicher wahr, ein untrügliches Zeichen, dass „sie" es wohl doch bemerkt haben.

*

Ich schreibe diese Zeilen und die Erinnerung ist hellwach, als ob es gestern gewesen wäre. Diese Erfahrung hat mein Leben nachhaltig verändert. Und immer wieder, wenn ich im Praxisalltag, oder ganz für mich mitten im Zweifel, im Persönlich-Nehmen feststecke, erinnere ich mich an dieses Über-den-Zaun-schauen-Dürfen.

Vor allem durfte ich und auch viele meiner Klient*innen über die Jahre hindurch erfahren, dass wir jederzeit über diesen Zaun schauen können ..., wenn wir dazu bereit sind.

Wir sind so vieles – ganz profan und ganz heilig – und dieses Buch möchte alles miteinander verbinden.

EINFÜHRUNG

Vom chronischen Unglück

In meinem Alltag als Therapeut und Coach begegnen mir Menschen mit ganz unterschiedlichen Fragen und Wünschen. Manche möchten Techniken erlernen, die sie aus ihrem Gedankenkarussell herausführen, weil ihnen der ständige Lärm im Kopf einfach auf die Nerven geht. Andere wollen herausfinden, ob sie an ihrem Arbeitsplatz noch gut aufgestellt sind. Paare sehnen sich nach einer Auffrischung ihrer nunmehr langjährigen Beziehung. Viele kommen zu mir, weil sie unter depressiven Verstimmungen leiden, unter diffusen Ängsten oder unter Erschöpfungszuständen, und nicht wenige von ihnen fühlen sich völlig ausgebrannt – Burnout im Verzug.

Was die meisten unter ihnen eint, ist das Gefühl, nicht gut mit sich selbst und der Umwelt im Kontakt zu sein. Sie haben den Eindruck, ihr Leben lediglich zu verwalten und zu organisieren, anstatt es aktiv zu gestalten und zu genießen.

Mittlerweile sind Menschen hinzugekommen, deren Angst vor dem Tod alltäglich geworden ist, und andere, die sich durch die derzeitigen Umstände kontrolliert und bevormundet fühlen oder, im Extremfall, sich sogar ihrer Existenz beraubt sehen.

Doch, ob vor oder inmitten dieser Pandemie, die Fragen, die uns Menschen tief bewegen, sind immer die gleichen. Manche stellen sie sich jetzt nur vorrangiger als zu der Zeit, als ich begann, dieses Buch zu schreiben. Und so, wie die Fragen grundsätzlich die gleichen bleiben, sind auch die Ursachen, die zu Krisen führen, die gleichen. Die Angst, nicht genug zu bekommen, und die Angst, die Kontrolle zu verlieren, führen uns seit Menschengedenken in konfliktreiche und bedrohliche Situationen. Gier und Ohnmachtsgefühle sind verlässliche Voraussetzungen für jegliches menschengemachte Leid, bis heute. Folgende Fragen sind zeitlos: Wo ist das Glück zu finden? Wie löse ich das Gefühl auf, isoliert, getrennt von allem zu sein?

Buddha soll einmal gesagt haben: „Sei glücklich, der Rest kommt von selbst." Wunderbar! Eigentlich. Doch so einfach ist es nicht. Wir können nicht auf Befehl glücklich sein, selbst wenn das eine ausgezeichnete Idee wäre. Denn zunächst müssten wir verstehen, wie Glück funktioniert. Schließlich haben wir das nicht gelernt: Es gibt kein Fach „Glück" oder „Zufriedenheit" in der Schule, in der Ausbildung oder im Studium, und in der familiären Häuslichkeit steht das Thema „Wie sind wir zusammen glücklich?" vermutlich nicht im Zentrum feuriger Diskussionen. In unserer Kultur geht es um vieles, aber sicher nicht um ein glückliches Miteinander – und deshalb fremdeln wir ein wenig mit dem Glücklich-Sein.

Meist vermuten wir in unserem Lebenskontext das Glück hinter positiv bewerteten Ereignissen: Wenn ich dieses habe oder jenes geschieht, dann bin ich froh, dann bin ich zufrieden, dann bin ich reich, dann wird alles gut? Wohl kaum. Tatsache ist, dass wir, kaum haben wir das eine erreicht oder bekommen, schon wieder etwas anderes wollen, etwas Neues, etwas noch Besseres. Das Glück erscheint launisch und kurzlebig. Die Probleme fangen bereits bei der „wenn-dann"-Perspektive an. Sie hält uns ständig auf die Zukunft fokussiert, denn da passiert das Tolle: Wenn ich erst meine Ausbildung oder mein Studium fertig habe, wenn ich befördert werde, wenn die Kinder groß sind, wenn ich in Rente bin, dann ... Das ist ein wenig so wie bei dem Clown, der den Ball mit den Händen festhalten will, ihn aber immer wieder mit dem Fuß weiter-kickt.

Wir hasten herum zwischen Vergangenheit und Zukunft, immer weiter zu neuen Zielen. Dabei wünschen wir uns doch eigentlich nur, **ZU SEIN**, zu genießen und zu teilen – heute und hier. Dennoch halten wir uns nicht im Augenblick auf, in dem sogenannten „Jetzt", in dem Raum, in dem die Wirklichkeit stattfindet. Wir kreisen ständig um das, was war und was sein könnte, ohne dazwischen innezuhalten. Die Krux ist, dass wir auf diese Art genau das verpassen, was wir genießen wollen: unser Leben! Wir sind nicht lebendig verbunden mit uns, unserer Umgebung und mit anderen Menschen. Wir fühlen uns getrennt, als Einzelkämpfer, als Einzelschicksale, und schaffen zusätzlich einen Haufen destruktiver Gedanken und dazu passende Emotionen, die uns noch einsamer und unzufriedener machen, in etwa so: „Dieser schräge Blick da drüben in der U-Bahn nervt mich." Oder: „Was will der denn schon wieder von mir?" Oder: „Meine Chefin hat mich heute wieder links liegen lassen." Oder: „Die Kinder ärgern mich mit ihrem Geschrei." Und so weiter und so fort. Wir nehmen alles und jeden ständig **PERSÖNLICH** und leiden darunter.

„Ja klar", sagst du, „das Leben ist doch persönlich. Wenn es etwas gibt, das persönlich ist, dann doch mein Leben! Ich bin schließlich ein einzigartiges Individuum." Ist das wirklich so? Sind alle unsere Erfahrungen wirklich **PERSÖNLICHER** Natur? Oft wundern sich Klienten und Klientinnen, die zu mir in die beratende oder therapeutische Heilpraxis kommen, dass sie nicht die Einzigen sind, denen es so geht, wie es ihnen geht. Sie haben das Gefühl, ganz allein mit ihrem Problem dazustehen. Sie empfinden andere als fremd, sie mögen nicht mit ihnen reden. Menschen kapseln sich schnell ab und werden gegenüber ihrer Außenwelt leicht misstrauisch. Maximal zu Hause führen sie vielleicht vertraute Gespräche, aber oftmals sind selbst diese von Zerwürfnissen belastet und aufgrund vielerlei Anpassungen limitiert. Die wenigsten haben einen

Vertrauten, dem sie wirklich alles sagen können und dessen Meinung sie nicht fürchten. Vor allem aber leben sie nach dem Motto: „Die böse Welt soll draußen bleiben! Außerdem geht mein Leben niemanden etwas an!" Und so finden zu jeder Tages- und Nachtzeit einsame Krisenmonologe in Millionen Köpfen statt, die von den gleichen Sorgen und Nöten handeln. Leider weiß kaum jemand, dass sich all die anderen ebenso in Einsamkeit wähnen, und zwar weltweit.

Getrennt zu sein, tut uns nicht gut, und wenn wir dauerhaft ohne nährende Verbindungen und Beziehungen leben, fangen wir bald an, komisch zu werden. Komisch im Sinne von eigenartig oder seltsam. Wir sitzen in einer Art Einzelhaft, der wir uns selbst unterziehen, indem wir zulassen, dass unsere unablässig kreisenden Negativgedanken Dauerstress inszenieren, Ängste schüren und Aggressionen produzieren. Das schadet nicht nur uns selbst, sondern auch allen anderen, mit denen wir zu tun haben.

Warum ist das so? Wann haben wir uns für den Weg der Trennungen entschieden? Sind wir uns dessen überhaupt bewusst, dass wir das Leben eines Eremiten führen? Wenn ja, fühlt es sich wahrscheinlich unfreiwillig an. Aber die größte Frage ist: Wie kommen wir da wieder raus? Was können wir tun, um uns wieder verbunden zu fühlen? Mit welchem Schiff können wir unsere einsame Insel verlassen?

Das „Wir" im Text

Wir, das bist du und ich, der alte Mann mit dem Hund von nebenan, die junge Frau, die mir gestern im Zug gegenübersaß und leise telefonierte. Wir, das sind die Kinder da drüben auf dem Spielplatz, die so fröhlich klingen, auch wenn sie manchmal viel zu laut sind. Wir, das sind unglaublich viele Menschen, die zum Teil in Ländern wohnen, in denen gerade Nacht ist, während hier die Sonne scheint. Und dann gehören auch die Menschen dazu, die ich liebe und achte, weil sie toll und liebenswürdig sind oder weil sie sich für etwas einsetzen, das die Zukunft lebenswerter macht.

Aber auch diejenigen unter uns, die nur Macht und Korruption im Kopf haben, denen das Leben der Mitmenschen ebenso egal ist wie die Erde, auf der wir leben – gehören zu diesem Wir. Alle, wie wir hier auf diesem Planeten leben, tragen aktiv oder passiv zu dem bei, was wir im Leben vorfinden. Das bedeutet, dass wir mitverantwortlich sind für alles, was geschieht und auch für alles, was nicht geschieht. In diesem Sinne möchte ich das „Wir" verstanden wissen.

„Ich" und Ego

Wenn ich jetzt im Kreise meiner Familie eine Party-Pizza für alle bestelle, dem Pizza-Lieferanten das Geld gebe und mich dann in mein Zimmer verziehe, um die riesige Pizza ganz alleine zu verdrücken, dann würde man wohl von egoistischem Verhalten sprechen – ein klarer Fall von ausgeprägter Ich-Bezogenheit.

Doch das „Ich" kann weitaus mehr als eine Pizza alleine essen. In diesem Buch spreche ich vom Ego und von Egosystemen als der Idee eines **PERSÖNLICHEN** Ichs. Idee deshalb, weil es dieses „Ich" nicht in der Art und Beschaffenheit gibt, wie es eine Leber oder eine Niere in unserem Körper gibt. Das „Ich" konnte bis heute dort, wo man es seit Langem sucht, nämlich in unserem Gehirn, noch nicht lokalisiert werden. Es wird vermutet, dass unser Gehirn dieses „Ich" erfindet, um sozusagen eine handlungsfähige, weitere Ebene zu installieren.

13

Eine interaktive Handlungsebene für das ganze Gehirn und darüber hinaus. Dieses sogenannte „Ich" wird direkt mit allen Gehirnarealen und dem ganzen Körper vernetzt.

Wir identifizieren uns also mit uralten Inhalten und Glaubenssätzen ebenso wie mit top-aktuellen. Und mehr noch: Allen umherkreisenden Gedanken, samt der durch sie hervorgerufenen Emotionen, wird ein „Ich-Gefühl" unterlegt. Damit unterscheidet unser „Ich-Programm" nicht zwischen außergewöhnlichen Bewusstseinszuständen, wie etwa außerkörperlichen Erlebnissen, Nahtoderfahrungen oder Informationen aus anderen Leben und unserer Vielfalt von Ich-Bezogenheit, sogenannten Egos oder Egosystemen.

Das „Ich", das alleine die Pizza verdrückt, wird ebenso personifiziert wie das „Ich", das während einer Nahtoderfahrung den Körper verlässt und später genau beschreiben kann, was das Ärzteteam während dieser Zeit getan hat. Unsere Sprache verfügt zwar über einen reichen Wortschatz, allerdings vermögen wir damit nicht, außergewöhnliche Ereignisse und Bewusstseinszustände zu beschreiben, weil dieses „Ich-Programm" sozusagen das Herzstück der Wahrnehmungen ist. Wir sprechen immer vom „Ich", auch wenn etwas ganz anderes gemeint ist.

Generell gehe ich davon aus, dass wir aus reinem Bewusstsein bestehen. Innerhalb dieses Bewusstseins lassen wir uns auf zeitlich beschränkte Erfahrungen in einem sterblichen Körper ein. Innerhalb dieses Körpers, der sterblich ist, vergessen wir oft, dass wir reines Gewahrsein, reines unsterbliches Bewusstsein sind und identifizieren uns mit den verschiedensten Befindlichkeiten und Bedürfnissen, denen durch Gedanken und Emotionen ein „Ich-Gefühl" unterlegt wird. So verwechseln wir das identifizierte „Ich" mit der Wirklichkeit, zu der wir häufig den Kontakt verloren haben. Und das identifizierte „Ich" produziert Geschichten, denen Krimis, Kitsch-Romane und Horror-Meisterwerke nicht annähernd das Wasser reichen können.

Der transpersonale Zugang

Bereits als Kind durfte ich viel über außergewöhnliche Heiler, über Gurus und Schamanen erfahren, welche bei uns zu Hause ein- und ausgingen und mit denen mein Vater Seminare abhielt. Durch meine Mutter lernte ich in jüngsten Jahren ganzheitliche Heilverfahren kennen, die sie als Heilpraktikerin und Tochter einer Ärztin mit Leib und Seele verkörperte.

Die faszinierenden Begegnungen mit Gurus und Geistheilern waren jedoch nicht alles, was ich in meiner Kindheit und Jugend vorfand: Meine Eltern hatten einerseits einen tiefen Wunsch nach Wahrheit und echter Spiritualität, dem sie mit fundiertem Wissenserwerb und lebendigem Forschen nachkamen. Andererseits hatten sie ganz normale, profane Herausforderungen im Familienalltag zu bewältigen. Zweifel und das Gefühl, nicht gut genug zu sein, waren ebenso vorhanden wie unüberwindbare Diskrepanzen innerhalb ihrer Ehe.

Ich selbst, der ich mir als Seele diese Eltern ausgesucht hatte, konnte diese allzu typischen menschlichen Egostrukturen durch meine ganz eigenen inneren Widerstände bereichern: Die Schule empfand ich bereits im Alter von zwölf Jahren als eine absolute Zumutung. Dennoch konnte ich nicht auf einen höheren Abschluss verzichten, da ein anderer Teil in mir den Anspruch hatte, das Abitur zu machen. Letztlich brach ich aber doch die Schule ab, weil ich mir sicher war, einen eigenen, anderen Weg des Lernens zu gehen – und das tat ich auch.

Der ganzen Art von Gesellschaft, der Politik, den Regeln, der Kultur, der Tradition konnte ich ebenso wenig abgewinnen wie der Idee des Miteinanders in Organisationen, Parteien oder Freundeskreisen, welche ich meist als völlig verlogen und peinlich empfand. Und da ich selbst zwar gerne ganz anders gewesen wäre als alle anderen, aber gar nicht so anders war, führten mich die Jahre ab der Pubertät in viele Täler der Verzweiflung. Einerseits wollte ich wichtig sein und viel Geld haben, andererseits wollte ich als Eremit leben. Ich hatte viele verschiedene Jobs, auf dem Bau und in der Kneipe, am Förderband und als Spüler, als Baumpflanzer und als Tour-Guide, als Verkaufsleiter und Geschäftsführer – alles wertvolle Erfahrungen, doch keine davon wollte ich fortan in mein Leben integrieren.

Letztlich ließen meine Egostrukturen mich konsequent an die Wand fahren und ich stellte mir die Frage, wer ich denn eigentlich sei, ohne Idee und ohne Ziel, ohne Willen und ohne Zuversicht.

Mein Weg führte mich zu einer ausgezeichneten Yogalehrerin, die mir viel beibrachte und mir eine Therapeutin in Stuttgart empfahl. So fand ich zum „Institut für Integrale Leibarbeit", wo ich Therapiestunden nahm und mich über Jahre meiner Vergangenheit samt Egostrukturen widmete. Ich absolvierte dort die Ausbildung und Assistenzzeit und bildete dann im Team einige Jahre in „Integraler Leibarbeit" aus. Diese Ausbildung war fundiert, sehr vielseitig anwendbar und bot eine reichhaltige Grundlage für weitere Vertiefung.

Schließlich eröffnete ich meine eigene Praxis und nach Jahren der erfolgreichen Zusammenarbeit mit meinen Klient*innen und dem Institut entschloss ich mich dazu, meine eigenen Wege zu gehen. Und so begann ich damit, mehr spirituelle Aspekte in meine Arbeit einzubeziehen.

Geht man mit Namen und Begrifflichkeiten um, so kann man entweder etwas Neues kreieren oder man bezieht sich auf etwas, das schon einen Namen hat. Der Begriff der „Transpersonalen Psychologie" bezieht jene Elemente mit ein, die mir bei meiner Arbeit sehr wichtig sind. Generell möchte ich das Transpersonale natürlich nicht auf die Psychologie begrenzen. Jede Erfahrung, die frei von gewohnten Gedankenstrukturen, frei von bekannten Identifikationsmöglichkeiten ist, kann transpersonale Räume öffnen. Oder anders ausgedrückt: Der transpersonale Raum ist immer da – es fragt sich nur, ob wir auch da sind. Deshalb entschied ich mich für die Bezeichnung „Transpersonale Therapie und Coaching". „Transpersonal" meint: „über das Persönliche hinausgehend".

Zum Hintergrund: Stanislav Grof ist in der westlichen Welt der Therapeut, der Abertausende Menschen erfolgreich durch Atemsitzungen geführt hat. Er begründete den Begriff „Holotropes Atmen" für eine Atemtechnik, die zur Ganzheit hin ausgerichtet ist. Ebenso geht unter anderem auf ihn der Begriff „Transpersonale Psychologie" zurück. Wegführend war für Grof die vorausgehende, Jahrzehnte andauernde wissenschaftliche Arbeit mit LSD, die ihn und Tausende Klient*innen mit vielfältigen transpersonalen Inhalten konfrontierten, welche bahnbrechend waren.[1] Als LSD später verboten wurde, bot sich die Arbeit mit dem Atem an, da auch beim Atmen transpersonale Inhalte gesichtet und erfahren werden können.

Meine praktische Arbeit

In meiner Arbeit liegt mir wenig daran, Menschen nach ihren vermeintlichen Störungen, Symptomen oder scheinbaren Traumata zu beurteilen. Mich interessiert weitaus mehr, ob ein

---

[1] Stanislav Grof; Gerhard H. Müller: „Topographie des Unbewussten – LSD im Dienst der tiefenpsychologischen Forschung". Klett-Cotta 2018.

Mensch, der zu mir kommt, die Bereitschaft aufbringen mag, sich selbst kennenzulernen und verbunden und glücklich zu sein. Dabei stelle ich gewohnte Sicht- und Handlungsweisen generell infrage: das Leben, wie wir es normalerweise führen, die Annahmen vom Aufbau unserer Psyche, unseren ideellen Glauben und unsere Ideen von Gesellschaft, Kultur und Miteinander.

Wenn wir all das infrage stellen, was wir meinen zu sein, zu haben und erreichen zu müssen, entsteht ein neuer Raum, eine neue Perspektive. Und darum geht es mir.

Das heißt, ich möchte alte Glaubens- und Erfahrungsmuster nicht durch neue Muster ersetzen, sondern die grundsätzliche Idee jedweder Muster infrage stellen. Fallen Muster komplett weg, bleibt die reine Erfahrung ohne Beurteilung. Wenn auch anfangs nur für kurze Zeit, wird es möglich, aus unserem Glaubens- und Kulturkorsett auszusteigen. Und genau das ist der Schlüssel!

Es geht mir dabei nicht um übertriebenen Ernst, nach dem Motto: „Du darfst jetzt an nichts mehr glauben, vergiss die Ideen der Zivilisation." Nein, es ist eher eine Art des Spielens, um aufzuzeigen, dass all die tradierten Muster nicht fix sind. Im Gegenteil, sie sind lediglich Spielsteine – Ideen, die einem gefallen können oder auch nicht. Sie alle dürfen und sollten meiner Meinung nach generell infrage gestellt werden. Wir nehmen unsere Vorstellungen und Annahmen von Kultur, Bildung, Wissenschaft, Glauben, Wirtschaft usw. meist sehr ernst und vergessen dabei, dass es nur mentale Konzepte sind. Wir stellen diese festgefrorenen Gedanken- und Ego-Konstrukte über unser direktes wahrhaftiges Erleben.

Das direkte Erleben ist diversen Kontrollmechanismen unterworfen. Doch hier stimmt die Reihenfolge nicht! Wir haben viel Fantasie und können uns viel ausdenken, das ist toll und kreativ. Wir haben allerdings die Kreativwerkstatt längst verlassen und stattdessen Räume voller Gesetze und Glaubensinhalte geschaffen. Wir haben die Wirtschaft und die Wissenschaft zu wichtigeren Erlebnisräumen erklärt als unsere Selbsterfahrung. Und darin verwalten wir das Wunderbarste, das wir haben – das Jetzt, den Augenblick und letztlich die Wirklichkeit.

Nicht weniger als unser gesamtes Lebenskonzept gilt es infrage zu stellen. Einfach so, weder verbittert noch ehrfürchtig. Denn wir haben nichts zu verlieren außer unserer Illusion von Macht, Gier, Angst und Tod. Und das ist bei näherer Betrachtung gar nicht so schlimm, sondern vielmehr befreiend.

Zunächst einmal versichere ich jeder Klientin und jedem Klienten, dass sie oder er per se erfolgreich sein kann und vor allem erfolgreich sein wird, sofern sie oder er sich für den Erfolg entscheidet. Nur jemand, der sich zum Erfolg entschließt, jemand, der glücklich sein will und gleichzeitig bereit ist, den damit verbundenen Weg zu gehen, wird in seinem Leben entsprechend viel Raum schaffen, damit Glück und Erfolg eintreten können. Ein Raum voller Leid und Ärger und Missmut bietet genau diese Voraussetzung eben nicht: Platz!

Jemand, der beginnt, die volle Verantwortung für das eigene Leben zu übernehmen, spricht damit förmlich automatisch seine Einladung an das Glück aus. Dieser Verantwortung können jedoch schwere Traumata im Wege stehen, die zunächst über traumatherapeutische und/oder Atem-Körperarbeit gesichtet und prozesshaft verarbeitet werden können. Ist derjenige bereit, in den aktuellen Augenblick einzusteigen, geht es zunächst darum, sich mit all dem, was ihn oder sie gerade beschäftigt, energetisch zu verbinden. Das können geliebte Menschen sein, aber auch das Arbeitsumfeld oder der anstehende Zahnarzttermin. In der energetischen Verbindung öffnet sich sozusagen ihr oder sein Herz, um die entsprechenden Menschen und Situationen wertschätzend und liebevoll einzulassen. Die Alltagsinhalte treten gewissermaßen aus dem Verstand und den kreisenden Gedanken heraus und gehen energetisch „online". Sie werden im energetischen Feld präsent und verbunden mit der Intention, vermeintliche Probleme zum Wohle aller Beteiligten zu lösen. Dadurch gerät das Ego, das sonst durch ständige Gedanken-Emotions-Präsenz diese Inhalte überlagert und dominiert, in den Hintergrund, sodass der Klient oder die Klientin handlungsfähig bleibt.

Im Ergebnis nehmen Klient*innen in solchen Prozessphasen weitaus mehr wahr als gewohnt, und tatsächlich wenden sich dann viele herausfordernde Situationen zum Guten für alle Beteiligten. Das heißt, die Klient*innen machen selbst die Erfahrung, dass es ein aktives Energiefeld gibt, dessen Kreativität weitaus umfassender und wertschätzender ist als die gewohnte Verstandes- und Gedankenebene mit ihren begrenzten Lösungsmustern.

*

In meiner praktischen Arbeit hat sich immer mehr herausgestellt, dass es sehr fruchtbar ist, die Existenz und das mögliche Erleben der transpersonalen Ebene gleich zu Beginn anzusprechen. Meiner Erfahrung nach öffnen sich mögliche Erfahrungsdimensionen leichter, wenn der Raum dafür schon vorbereitet ist. Warum und worauf also warten? Das gilt für das Coaching ebenso wie für die Therapie in Form von Atem- und Körperarbeit, geführte Atemsitzungen oder Rückführungen[2].

Atemsitzungen wie Rückführungen geht eine spezielle Entspannungssequenz, auch Tranceinduktion genannt, voraus,

---

[2] Hierbei geht es um angeleitete und begleitete Reisen in vergangene Inhalte.

deren Sinn darin besteht, die entsprechende Person in einen entspannten Zustand zu versetzen. So soll ermöglicht werden, aus dem Alltagsbewusstsein auszusteigen und sich auf das Jetzt fokussiert einzulassen. Während die Person eine Atemsitzung sozusagen ganz „für sich" erlebt und im Anschluss daran mit dem Therapeuten bespricht, bleibt bei einer Rückführung der aktive Austausch über das momentane Geschehen während der ganzen Sitzung bestehen.

Rückführungen dienen dazu, die entsprechende Person in bestimmte <u>frühere</u> Inhalte oder vermutete Zusammenhänge zurückzuführen. Wo diese Reise letztlich hingeht, entscheidet sich während der Sitzung.

Atemsitzungen sind für vergangene Themen ebenso einsetzbar wie für Visionssitzungen, also zukünftige Themen. Die innere Reise wird durch entsprechende Musik unterstützt.

Vor allem das kommunikative Setting in beiden Therapie-Formen unterstützt meine Klient*innen dahingehend, dass sie gründlich auf das Niveau einer mehrschichtigen, mehrdimensionalen Wahrnehmung vorbereitet sind. Sie sind von Anfang an darüber informiert und darauf eingestellt – unabhängig davon, was sie bis dahin selbst für möglich halten –, unbewusste und unbekannte relevante Eindrücke zu erhalten sowie auch nicht-lineare, also gleichzeitig mehrere Wahrnehmungen zu erfahren. Innerhalb von Minuten können sich Informationsdichten ergeben, die in unserer linearen Zeitwahrnehmung für gewöhnlich Stunden oder gar Tage füllen würden.

SUCHE NACH DEM GLÜCK

Leona kam auf Empfehlung einer Freundin zu mir. Sie machte einen erschöpften Eindruck und war alles andere als glücklich an diesem Punkt in ihrem Leben. Sie wollte wieder neuen Lebensmut schöpfen und unbeschwert sein – das war ihr Ziel. Ich erlebte sie entschlossen und bereit, tief in ihre Geschichte einzutauchen. Schritt für Schritt fand sie während der Sitzungen heraus, wie sehr sie sich mit Leid identifiziert hatte, und konnte dies als Schlüssel für eine gravierende Wende in ihrem Leben nutzen.

Zum gegebenen Zeitpunkt schlug ich ihr eine Rückführung vor.

Anders als bei den Atemsitzungen berichten die Klient*innen während einer Rückführung über das, was gerade geschieht. Das Rückführungssetting sieht am Beginn eine Tranceinduktion vor: Hierbei begibt sich der Reisende mit allen Sinnen in den eigenen Körper und beginnt, sich unter entsprechender Anleitung nachhaltig zu entspannen. Erst wenn der Reisende gut in sich ruht, kann die eigentliche Sitzung beginnen.

Als wir begannen, verspürte Leona keinerlei Angst oder Zweifel, aber auch keine Neugier. Sie war gelassen und erwartete nichts. Nach der gelungenen Tranceinduktion bat ich sie, sich eine Treppe vorzustellen. Sie bekam Herzklopfen und spürte Angst in sich aufsteigen. Ihr wurde plötzlich bewusst, dass sie mit der Vorstellung von Treppen bzw. Stufen sofort und automatisch ein Hinaufgehen verband, aber niemals ein Hinabsteigen, und Höhe erzeugte offensichtlich ein Unwohlsein in ihr.

Im weiteren Tranceverlauf erlebte Leona eine scheinbar endlose Reihe beängstigender und verwirrender Situationen auf ihrem „Weg nach oben". Die Bedrängnisse wiederholten sich oder es tauchten ständig neue auf und in der erlebten Zuspitzung der eigenen bedrohlichen Lage wurde es zunehmend anstrengender für sie, auch körperlich: Ihre Oberschenkel begannen zu „brennen" und das Atmen fiel ihr schwer. Bis sie schließlich an einen Punkt gelangte, an dem sie nicht mehr weiterwusste und ihre Angst sich in Panik verwandelte. Sie kam damit in Berührung, dass sie im realen Leben unter Höhenangst litt. Die Treppe war einer Art Plateau gewichen, ohne Geländer oder Halt, und es schien in der Dunkelheit endlos nach unten zu gehen.

Leona fragte sich, was sie nun tun sollte. Doch anstelle einer Antwort spürte sie etwas hinter sich, das ihr ins Genick atmete. Sie drehte sich um und erkannte sich selbst, und ihre eigene Stimme ermahnte sie dazu, zu vertrauen und zu springen. Doch sie zögerte und schließlich spürte sie den Stoß, der sie in die Tiefe stürzen ließ. Während des Fallens bemerkte sie, dass sie fliegen konnte, und die Angst war weg. Leona landete in einer verdreckten Stadt voller Unrat und Leid. Sie kannte sich hier offensichtlich aus und wusste, dass sie diesen Weg täglich ging. Überall schwerstkranke Menschen, die ihre Hände nach ihr ausstreckten. Menschen, denen sie nicht helfen konnte. Dann machte sie mehrmals folgende Entdeckung: Sobald sie die Hände der Menschen berührte, erschien Hoffnung in deren Augen. Obwohl sie das Elend und

Leid der Menschen nicht lindern konnte und es ihr förmlich das Herz zerriss, schien diese Geste etwas zu bewirken. An diesem Punkt erkannte sie, dass sie schon immer mit dem Konflikt zu kämpfen hatte, Leid und Schmerzen anderer ertragen zu „müssen", ohne dabei selbst seelisch zu erkranken. Jetzt konnte sie deutlich wahrnehmen, dass sie unendlich viel Mitgefühl und Liebe empfand und sich deshalb zu Leidenden „hingezogen" fühlte – und diese auch zu ihr. Mittlerweile war sie auf so etwas wie einem Marktplatz angekommen und die Menschen setzten sich im Kreis um sie. Als sie alle berührt hatte, blickte sie in hoffnungsvolle Gesichter. Leona erkannte, dass sie andere nicht heilen konnte und dass auch niemand von ihr erwartete, dies zu können. Dennoch konnte sie durch die Berührungen ein wenig Glück und Hoffnung in ihnen wecken, wo sie ansonsten ein so unwürdiges und schmerzvolles Leben zu bestreiten hatten. Sie starb im Kreise Vieler als sehr, sehr alte Frau.

In einer späteren Atemsitzung stand sie wieder auf diesem Turm, der ihr schon bekannt war. Zwei Arme streckten sich nach ihr aus und sie erkannte ihren verstorbenen Bruder, der sie auf diese Reise mitnahm. Sie flogen sehr lange und gelangten zu einer Art Öffnung, einem Tor, das zu einem Tunnel führte. Dieser Tunnel brachte sie offensichtlich in eine andere Dimension. Und dort traf sie auf Milliarden von Menschenseelen aller möglichen Nationen. Zielstrebig flogen sie zu einer Stelle, an der ihr ebenfalls verstorbener Vater mit einem Freund stand. Sie redeten nicht zu ihr, sondern sahen sie einfach nur liebevoll an. Leona spürte absoluten Frieden und Harmonie hier, in dieser Dimension, in dieser Ebene. Alles war lichtdurchflutet, ein wunderbarer Ort. Und sie verspürte Glückseligkeit. Dann verließen sie diesen Ort wieder und flogen zurück. Leona fragte sich, was das zu bedeuten habe, was wohl der Sinn dieser Reise wäre, während ihr Bruder sie gütig anschaute. Er aber redete nicht, sondern übermittelte ihr diese Botschaft: „Öffne dein Herz!" Diese Botschaft wiederholte sich unzählige Male und Leona begann, deren Sinn zu verstehen. Dies war der Schlüssel: Wenn sie ihr Herz öffnete, war sie Liebe. Und wenn sie Liebe war, liebte sie sich selbst. Und wenn sie sich selbst liebte, hatte sie Mut und fand einen Zugang zur Vergebung und zu anderen Menschen. Sie fand ihre Berufung und wusste, dass sie heilen würde beziehungsweise bereits heil war. Heil im Sinne von „Ganz-Sein", von „Vollständig-Sein"

Solche Wiederholungs-Erfahrungen werden meist deutlicher und viel intensiver wahrgenommen, als man es von einmaligen Träumen kennt. Sie sind so eindrücklich, dass man die Inhalte direkter mit der eigenen Biografie und Problemsituation verbindet. Manchmal tauchen Sequenzen auf, welche man schon einmal erlebt hat. Sie setzen sich an der Stelle fort, an der sie im realen Leben endeten.

Es ist möglich, eine besondere Situation oder ein Trauma gleichzeitig aus verschiedenen Perspektiven wahrzunehmen. Es kann auch sein, dass man ein Geschehen aus der Perspektive eines anderen Menschen erfährt und sich später herausstellt, dass diese Person das Gesehene seinerzeit genau so erlebt hat. Oder man nimmt mit verstorbenen Menschen, wie oben beschrieben, Kontakt auf und ist in dieser Begegnung dann in der Lage, alte Themen zu klären oder noch aktive Traumata aufzulösen. Diese Menschen liegen einem meist sehr am Herzen oder haben eine große Bedeutung für einen selbst.

Bei den meisten Klient*innen meiner Praxis wächst über solche mehrdimensionalen Erfahrungsräume auch die Bereitschaft weiter, transpersonale Zusammenhänge erkennen zu wollen, das heißt, vormalige Widerstände dagegen werden schwächer. Sehr oft machen sie bei einer Rückführung ohnehin von Anfang an transpersonale Erfahrungen, wobei das eigentlich Wunderbare nicht darin besteht, dass der transpersonale Raum betreten wird, sondern dass die Wirkungen und Nachwirkungen solcher Erlebnisse überzeugend sind.

Heilung im Jetzt-Raum

Da der Atem immer im Jetzt-Raum ist, kann man über **geführte Atemsitzungen** zum Teil sehr tiefe und nachhaltige Heilungsprozesse erfahren. Das bedeutet, dass der Atem sich nicht mit Gedanken oder verstandesgeprägten Inhalten identifiziert. Vielmehr sind der Atem und der entstehende Atem-Raum dazu imstande, den Moment, das zu erlebende Jetzt, auszudehnen.

Sobald die durch angeleitete Tranceinduktion erreichte Tiefenentspannung stabil ist, verstärke ich in der Sitzung den Fokus auf den Atem. Die Teilnehmer*innen folgen ihren Atemzügen, dem Ein-Atem und dem Aus-Atem und den kleinen Pausen dazwischen. Möglicherweise treten die Pausen nach und nach in den Hintergrund und der Atem fließt einfach - der sogenannte „verbundene Atem". Diese Atembewegung wird dann mit konsequenter Aufmerksamkeit verfolgt. Der Atem ist sozusagen das Reisevehikel, über das die Tiefen und Weiten des eigenen Bewusstseins erreicht werden. Der Jetzt-Raum dehnt sich aus und die Wahrnehmung trennt sich von der gewohnten linearen Zeitvorstellung.

Ab diesem Punkt können verschiedene Wahrnehmungen einsetzen, beispielsweise tauchen in den Teilnehmer*innen Bilder und Geschichten aus ihrer Kindheit auf: Alltagssituationen, schöne Begebenheiten und auch Traumata werden hier direkt erfahren. Manchmal gehen diese Erlebnisse bis in den Mutterleib oder noch weiter davor zurück. Vielleicht erlebt eine Person, wie es der eigenen Mutter während der Schwangerschaft erging, ob diese glücklich war oder wie diese zum Kindesvater stand und so weiter. Ebenso ist es möglich, in eine ganz andere Zeit zu gelangen, die weit vor der Geburt liegt. Hier kommen Verbindungen zu den Vorfahren hinzu oder die Person erlebt sich selbst in früheren Leben, zum Beispiel als Greis, als Kind, als Frau oder als Mann. Unabhängig davon, ob der- oder diejenige an das Prinzip der Wiedergeburt glaubt oder nicht, stecken meist einige sehr wichtige und mindestens für dieses derzeitige Leben brauchbare Botschaften in solchen Sequenzen. Es kommt ganz darauf an, welche Bedeutung ihnen klientenseitig zukommt. Die Botschaft kann unter anderem Hinweise geben zur eigenen Seelenidentität, versteckte Lebensmuster aufdecken oder dynamische Verstrickungen aufklären. Vor allem sich über mehrere Leben wiederholende Lebensmuster sorgen oft für Erstaunen, wobei die daraus entstehende Klarheit meist eine wesentliche Erleichterung mit sich bringt.

*

Transpersonale Erfahrungen tragen dazu bei, aus dem alten Spiel von Freud und Leid, von Täter und Opfer, Schuld und Unschuld auszusteigen, und zwar ganz direkt: Sie erinnern uns nämlich an unsere eigenen Egostrukturen, die immer wieder zu den gleichen Handlungen und Ergebnissen führen. Wir erkennen diese Strukturen entweder im Spiegel unserer selbst oder anderer Menschen, beispielsweise eines Nahestehenden. Wir erleben vielleicht das traumatisierende Kriegsgeschehen aus der Sicht unserer Urgroßeltern oder Großeltern, eine Fehlgeburt „im Leib" des nie geborenen Geschwisters oder andere Not-, Zurückweisungs- oder Ablehnungssituationen.

Eine besonders erweiternde Perspektive liegt in der Parallelität von transpersonalen Wahrnehmungen. So erleben wir vielleicht einerseits die Gefühle und Gedanken unseres Opas im Schützengraben und nehmen gleichzeitig die Stimmung des ganzen Gefechts, der umliegenden Dörfer oder der Angehörigen weit ab vom Geschehen wahr. Wir erleben verschiedene Perspektiven und Erfahrungswelten gleichzeitig und erfahren zum Beispiel mehr über die Gründe hinter grausamen Taten, die Hilflosigkeit und die Verzweiflung, die auch hinter Gewalt stecken kann. Meist sind die Einblicke offenbarend, weil diese im normalen Alltagsbewusstsein in einer solchen Direktheit und Tiefe nicht erreicht werden. Hinzu kommen sogar schlussfolgernde Einsichten, die nicht selten auf verblüffende Weise Lösungen nahelegen oder Ungelöstes begründen. Eine Klientin berichtete mir einmal detailliert, was eine bestimmte Person gebraucht hätte, um einen Krieg zu verhindern, und was letztlich dazu geführt hatte, dass sie scheiterte.

In diesem so tiefen und intensiven Erleben kann ein ungeahntes Potenzial an Mitgefühl und Liebe erfahrbar werden – ein Zutiefst-Getroffen- und Erschüttert-Sein sowie eine größere Einsicht in das Drama, das wir als Menschen seit Jahrtausenden selbst kreieren.

DAS GLEICHNIS DES FLUSSES

Vincent kam auf mich zu, weil er in seinen Beziehungen zu seinen Kindern und seiner Frau in einer Art Sackgasse gelandet war. Er beschrieb seine familiäre Basis zwar als gut, doch quälten ihn aktive alte Traumata aus seiner Herkunftsfamilie. Sein Vater war Handelsvertreter und hauptsächlich mit seiner Firma beschäftigt, während seine Mutter als Hausfrau seit vielen Jahren ein unerfülltes Dasein fristete und allmählich dem Alkohol verfiel. Immer öfter bemerkte er an sich selbst Verhaltensmuster, die er schon von seinen Eltern kannte. Als Kind hatte er sehr gelitten, wenn beispielsweise Probleme nie angesprochen, sondern letztendlich mit Gewalt und Manipulation gelöst wurden.

In der ersten Sitzung betonte Vincent, diese Schattenanteile einfach loswerden, fortjagen, ja eliminieren zu wollen. Und so verständlich dieser Ansatz auch war, ging es für ihn zunächst darum, die traumatischen Verletzungen in seinem Herzen anzunehmen und liebevoll damit umzugehen. Heilung bedeutete, nicht mehr anzukämpfen gegen die Lage, in der er sich befand, gegen die in ihm aktiven Verhaltensimpulse und seine aktuelle Beziehungssituation. Erst nach und nach führten ihn die angeleiteten Prozesse zu der Erkenntnis, dass er seinen Widerstand gegen seine Vergangenheit loslassen musste, um überhaupt in der Gegenwart anzukommen und so Raum zu schaffen für Heilung.

In einer angeleiteten Atemsitzung, die Vincent an einen entscheidenden Punkt führte, erlebte er sich in warmem Wasser liegend. Er fühlte sich in vollkommener Schwerelosigkeit, was ihm half, sich innerlich zu entspannen und in die Tiefe gleiten zu lassen. Gleichzeitig erlebte er sich in einer anderen Situation, in der er tödlich verwundet war und von einer Frau beweint wurde. Dann wiederum sah er sich mit dieser Frau am Ufer eines Flusses liegen, aber auch mitten auf einem gigantischen Schlachtfeld, auf dem Menschen kämpften, verletzt oder tot waren. Ihm wurde spontan bewusst, wie sinnlos alles Kämpfen war und dass er für die Entstehung von diesem Elend, was er hier sah, offensichtlich mitverantwortlich war.

Im weiteren Verlauf trieb Vincent mit dem Fluss abwärts und die Geschwindigkeit nahm rasant zu. Aus dem friedlichen Gewässer wurde plötzlich ein reißender Strom, und er fühlte Angst in sich aufsteigen. Mit letzter Kraft versuchte er, einem aufragenden Felsen auszuweichen, doch er schaffte es nicht. Er erlebte sich kämpfend und schreiend, und je mehr er sich anstrengte, desto heftiger wurde er gegen das Hindernis geschleudert. Schließlich, als er nicht mehr konnte, überließ er sich den schäumenden Fluten, in der Erwartung des Todes. Doch auf einmal wendete sich sein Schicksal: Als er aufhörte, gegen das Hindernis anzukämpfen, spürte er, dass er in einen Flow hineinkam und das Wasser ihn an vielen Felsen und Stromschnellen vorbeigleiten ließ. Er trieb wie ein Stück Holz auf der Oberfläche und wusste instinktiv, dass er nicht sinken würde. Er erkannte, dass alles Kämpfen sinnlos war und dass es darum ging, ganz und gar loszulassen. Auf einer „Ideallinie" schoss er den Flusslauf hinab und fühlte sich dabei sicher und geborgen. Vincent formulierte es so: „Das Wasser trägt mich!"

Solche gravierenden Erlebnisse sind für Klienten oft sehr nachhaltig, weil sie direkt in der Innenwelt stattfinden. Es stellt sich dabei weniger die Frage nach den Erlebnisinhalten, eher nach der direkten Einwirkung auf die Gefühle und den intuitiven Einsichten, die zumeist überraschend treffsicher sind und auch ohne rationale Erklärung von den Betroffenen mit der eigenen Biografie und Lebensstruktur sowie der seelisch-psychischen Ebene in Verbindung gebracht werden. Sie „wissen" sozusagen um diese Wahrheit, ohne sie im Detail begründen zu können oder zu wollen.

Vincent begann zu vertrauen, wo er vorher gemeint hatte, unbedingt kämpfen zu müssen. Dieses Vertrauen gründete auf der neuen inneren Referenz des Getragen-Seins. Man könnte auch simpel sagen, er wurde eines Besseren belehrt, denn er starb eben nicht, wie er befürchtet hatte, als er seinen Widerstand aufgab. Er war augenblicklich von einer großen Müdigkeit befallen – nach all den Jahren angespannter Emotionalität in ständigem „Kampfmodus". Er drückte es so aus: „Ich habe endlich das Gefühl, nach Hause zu kommen."

Akzeptanz ist bei jedem Heilungsprozess der schwierige Anfang. Das Leben und das eigene Schicksal so anzunehmen, wie es aktuell gerade ist, ist die größte Herausforderung. Doch sobald dieser Schritt vollzogen wird – in welcher Weise auch immer –, entsteht eine Unterbrechung der Gedanken-, Gefühls- und Handlungsmuster und ein Stück der dahinter liegenden Wahrheit wird erkennbar. Wahrheit hat zwar für jeden Menschen ein anderes Gesicht, doch bei näherer Betrachtung ähneln sich alle. Man weiß um seine individuelle Erfahrung und man wird sich dessen bewusst, dass es keine tiefere Instanz von Wahrheit geben kann.

Das Wesen transpersonaler Erfahrungen ist häufig mehrdimensional und vielschichtig. Während einer Sitzung arbeitet dein Verstand weiter, du kannst dir Fragen stellen und nimmst mit den Sinnen wie gewohnt alles wahr. Doch es kommen noch Sinne dazu, die du üblicherweise nicht kennst. Besser gesagt, du hast keine Erinnerung an sie, denn sobald sie aktiviert werden und du durch sie „informiert" wirst, kommen sie dir so altvertraut und bekannt vor, als verfügtest du schon ewig darüber. Beispielsweise erlebst du Zeit nicht mehr nur als linear verlaufend, genauso Orte nicht als voneinander entfernt oder einzeln. Du erfährst alles in demselben Moment und deine Aufmerksamkeit ist überall gleichzeitig präsent. Die Zeit und auch deine Existenz sind nicht mehr begrenzt. Du bist mit allem verbunden und erlebst dies auf eine sehr natürliche Weise.

Dieses „mehrsinnige" Erleben erscheint manchen Menschen unglaublich, manchmal auch angsteinflößend, weil ihnen dadurch klar wird, dass unsere gewöhnliche Daseinsform auf einer sehr konsequenten Täuschung und extremen Reduzierung der Wirklichkeit basiert. Daher ist es oft so, dass Klient*innen sich im Anschluss daran erst einmal wieder ihren gewohnten Lebensstrukturen widmen, um ihre Eindrücke in einem vertrauten und sicheren Setting verarbeiten zu können. Sie kommen aus einem Seminar oder einer Sitzung sozusagen in den Alltag zurück, und die erweiterte Bewusstseinsebene, samt aller emotional-mentalen Effekte, tritt langsam und stetig wieder in den Hintergrund.

Doch die Erfahrungsinhalte und Bilder bleiben, allerdings in nicht immer gleichbleibender Qualität. Viele haben mir berichtet, sich nach einer Weile gefragt zu haben, ob sie das überhaupt erlebt hätten. Sie versuchten, das Erlösungsgefühl, das tiefere innere Wissen oder auch die größere Verbundenheit noch einmal nachzuempfinden und mussten feststellen, dass sich nichts davon nachmachen oder simulieren ließ. Es könnte nur wieder neu erlebt werden, und dafür bräuchte es die Bereitschaft, sich neu und immer wieder darauf einzulassen.

Es gibt keinen Weg zum Bewusstsein – Bewusstsein ist der Weg!

Vor allem die Erfahrung echter Verbundenheit bringen Klient*innen oder Seminarteilnehmer*innen aus der Trance-Arbeit mit und beschreiben sie als tief empfundenes Glück. Umso mehr vermissen sie später diese Erfülltheit, wenn sie in ihren Alltag zurückgekehrt sind. Daher ist es wichtig, diese Verbundenheit zu pflegen und nicht wieder zu „verlernen".

Das, was uns Menschen umgibt, ist immer verbunden. Wir sind grundsätzlich mit allem verbunden, nur spüren wir es nicht, wenn wir in uns selbst davon abgeschnitten und scheinbar isoliert sind. Unsere Egosysteme haben uns fest im Griff, und ein Blick in die Tagespresse verrät uns, dass es nicht nur uns so geht. Doch woran liegt das? Wie konnte es passieren, dass wir diese Verbundenheit und unser friedliches Miteinander überhaupt verloren haben?

TEIL I – DER WEG DER TRENNUNGEN

Warum sind wir so leidensorientiert?

Vor gut zwei Jahrtausenden soll ein Mensch geboren worden sein, der im Laufe seines Lebens sehr viel Gutes tat. Bis heute ist er im Gespräch, weil er angeblich kranke Menschen heilte und sich um die Armen und Verstoßenen kümmerte: Jesus.

Man ist sich darüber einig, dass er sein Leben so ziemlich ego-frei verbrachte. Dennoch wurde er der Überlieferung nach gefangen genommen und gefoltert. Man brachte ihn zu Tode, indem man ihn an ein Kreuz nagelte, was ihn jedoch nicht davon abhielt, drei Tage später wieder aufzuerstehen. Er hatte offensichtlich den allseits gefürchteten Tod überwunden. Vermutlich hatte sein alleinstehender Vater, der Herrgott, seine Finger im Spiel. Über dessen Frau und ihren Verbleib kann man übrigens nach wie vor leider gar nichts in Erfahrung bringen. Angeblich hatte der Herrgott seinen Sohn Jesus bei den Leiheltern Maria und Josef zur Welt kommen lassen, die ihn dann auch großgezogen hatten.

Unabhängig davon, ob diese Geschichte stimmt oder nicht, wären die wunderbaren Eigenschaften, die Jesus so besonders machten, es wert, uns als tägliche Motivation für unser Leben zu dienen – ob es nun darum ginge, die Kunst des Geistheilens zu erlernen oder darum, mediale Fähigkeiten zu entwickeln. Wir könnten auch seinem Beispiel folgen und der globalen Armut den Kampf ansagen sowie unser Essen und unseren Reichtum mit Bedürftigen teilen. Wenn wir uns Jesus zum Vorbild machen wollten, würden wir sofort alle Waffen abschaffen und uns für ein gemeinsames Leben ohne Gewalt stark machen.

Und was machen wir? Wir suchen uns ausgerechnet seinen Leidensweg und seine Kreuzigung als Hauptmotive für unsere Nachahmung aus. Wir fühlen uns dazu ermutigt, uns als Sünder zu sehen, uns unvollkommen und schuldig zu fühlen. Wir glauben an Scheitern, Strafe und Misserfolg. Die Geschichte nach Jesus ist voll von Beweisen für diese schlechte Wahl: In seinem Namen wurde rund um die Welt erobert, unterdrückt, gemordet, überwacht und manipuliert. Frauen wurden extrem diskriminiert, verfolgt und vergewaltigt. Die ursprüngliche Harmonie zwischen Mann und Frau und die stabile Einheit der Familie zerfiel in komplexe Dauerkonflikte, die von Generation zu Generation weitergereicht wurden und werden, bis heute. Leiden als Lebensweg wird sozusagen von höchster Stelle an uns herangetragen – mit durchschlagendem Erfolg!

*

Das Wertesystem der ganzen abendländischen Kultur ist von den Effekten der negativen Nachfolge Christi geprägt und orientiert. Wir finden aktuell die Diskriminierung der Frau in der westlichen Welt in geschlechtsbezogener Gewalt, bei Beschäftigung, Bezahlung und Renten wieder. Unser Verständnis von Zivilisation ist auf Größenordnungen wie Wirtschaft und Politik geeicht, das bedeutet, Fragen zu Familie, sozialen Strukturen und auch ökologischen Bedarfslagen treten dahinter weit zurück, als wäre deren Beantwortung nur eine Option.

Gerade das Zusammensein von Mann und Frau wird nicht in einer existenziellen Weise wertgeschätzt, die den Familienverbund und die gemeinsame Verantwortung für die Kinder hochhält, sondern als eine kritische Rollenverteilung betrachtet, die mehr oder weniger ihren unguten Lauf nimmt. Dass Liebe und Sexualität nicht einfach vom Himmel regnende Bonuspunkte im Leben sind, sondern basale Qualitäten, die wie andere Fähigkeiten auch erlernbar und entwickelbar sind, scheint niemanden wirklich zu interessieren, geschweige denn zu inspirieren. Im Ergebnis bleibt der Geschlechterkrieg für die meisten ein unvermeidbares Übel, zum Leidwesen der Kinder, von denen heute viel zu viele wie selbstverständlich ohne einen präsenten Vater aufwachsen: entweder sind die Eltern geschieden oder der Vater dient die meiste Zeit seines Lebens dem Wirtschaftswachstum und muss bei Bedarf in irgendeinen Krieg ziehen.

Im Schneckentempo ändern sich diese Verhältnisse, gleiches Gehalt für alle gibt es aber immer noch nicht, und vom gemeinsamen Glück kann noch lange nicht die Rede sein. Innige Hingabe zwischen Mann und Frau und eine tragfähige Basis des Familienverbundes sind immer noch Luxusideen, für die es überdies kaum Vorbilder gibt. Das ist allerdings weniger ein Wunder als lediglich die logische Konsequenz einer lebensverneinenden Grundhaltung, die beim Gottesbild anfängt und bis in die Erziehung hineinreicht.

In diesem Zusammenhang begleite ich oft sowohl Männer als auch Frauen – als „Leidtragende" dieser fatalen Tendenz – therapeutisch. Dabei stoße ich meist auf ein seltsames Phänomen: Weder die Männer noch die Frauen verstehen ihre kulturellen Prägungen als direkt frauenfeindlich und somit als störend oder gar bedrohlich. Sie schreiben sie gedanklich einer früheren Zeit zu und halten sie lediglich für „historisch", das heißt sie fühlen sich davon nicht direkt betroffen.

Es ist natürlich faktisch wahr, dass es schon immer wunderbare Frauen und Männer gegeben hat, die direkt oder indirekt innerhalb ihrer religiösen und kulturellen Zugehörigkeit positiv gewirkt haben. Solche Menschen beweisen sich weltweit auch in der Gegenwart als wahre Helfer, indem sie beispielsweise karitativ tätig sind. Das ist fantastisch, denn ohne sie wäre die Existenz vieler Menschen auf diesem Planeten noch weitaus trostloser, als sie bereits ist.

39

WENN ALLES ZU BRENNEN SCHEINT

Lucas ist einer dieser Menschen, die sofort einen Raum füllen, sobald sie ihn betreten – mit einem kräftigen Händedruck und geradem, fixierendem Blick. Als er das erste Mal in meine Praxis kam, machte er den Anschein, als wolle er jede Situation sofort beherrschen und jederzeit kontrollieren. Man könnte sagen, er erschien wie einer dieser großgewachsenen, kräftigen und stolzen Typen, die einerseits viel Aufmerksamkeit brauchen und andererseits keiner Arbeit und keinem Konflikt aus dem Wege gehen.

Seine unglaubliche Arbeitsbereitschaft und Disziplin waren absolut notwendig für den anschließenden Erfolg des Coachings. Es ging dabei nicht nur um ihn ganz persönlich, sondern auch um seine Herkunftsfamilie und die Beziehung zu seiner Frau und zu seinen Kindern und darüber hinaus um die Zukunft seiner Firma. Alle diese Lebensbereiche standen abwechselnd, manchmal sogar parallel im Fokus der therapeutischen und beratenden Arbeit.

Wir bestimmten gemeinsam eine Kombination aus verschiedenen Tools, wie intensive Atemsitzungen, zahlreiche Gespräche zur Vor- und Aufbereitung. Hinzu kamen die Paar-, die Familien- und die Firmenbesprechungen.

Wenn man Heilung als „ganz werden" versteht, so konnte man in Lucas Fall Zeuge eines unglaublichen transformierenden Prozesses werden. In vielen Sitzungen bekam er sehr genaue Bilder zu seiner Lebensdramaturgie und den chronologischen wie systemischen Zusammenhängen. Er näherte sich vor allem den Geschehnissen an, die ihn in seiner Kindheit sehr traumatisiert hatten und die verständlicherweise in seinem Unterbewusstsein tief vergraben waren: Er war als kleiner Junge schwer misshandelt worden. Man hatte ihn jeden Tag viele Stunden in der Küche mit kaltem Steinboden auf einem Bauernhof eingesperrt, damit er nicht weglaufen oder etwas anstellen konnte. Er hatte dort nicht nur keine Ansprechpartner, sondern es gab auch keine Toilette.

Lucas blieb reflektierend dran und grub sich durch die Verständnisebenen, bis es ihm gelang, die schier unzähligen Effekte der Ursache-Wirkung-Dynamiken in seinem biografischen Lebenslauf aus verschiedenen Perspektiven zu betrachten und nachzuvollziehen. Er war in der Lage, seine persönlichen Erlebnisse, Erkenntnisse und Einsichten auf seine Familie zu adaptieren, sodass ihm schnell klar wurde, warum es innerhalb seiner Herkunftsfamilie und seiner jetzigen Ehe gegenwärtig so aussah, wie es aussah.

Es war streckenweise auch für mich „magisch", mitzuerleben, wie subtil sich sein Heilungsprozess vollzog. Geschuldet war der Erfolg zum großen Teil dem Vertrauen, das die involvierten Personen aus seinem Umfeld in den Prozess investierten, das hieß vor allem, jeweils den anderen gegenüber Wohlwollen aufzubringen. Und er war auch Lucas' Mut geschuldet, der bereit war, durch jede „innere Hölle" zu gehen, falls nötig. Letztlich gelang die Transformation der komplexen Problemsituation, weil alle Beteiligten sich **vorstellen (!)** konnten, dass sie gelänge und dass Wunder geschehen könnten.

(Erst wenn wir uns vorstellen können, dass Heilung in

uns selbst aktiviert werden kann, und wenn wir bereit sind, alle erforderlichen Antworten in uns selbst zu suchen, werden die regenerativen und kreativen Mechanismen in Gang gebracht, welche bisher unter dem Automatismus unserer kulturell, religiös und mental geprägten Wirklichkeitsbilder brach liegen.)

Man kann klar sagen, dass Lucas in jeder seiner Lebenssituationen sehr große Hürden zu bewältigen hatte. Es gab keinen Zeitpunkt zum Ausruhen, keine Ressourcen, auf die er sich hätte stützen können. Alle wesentlichen Lebensbereiche waren sozusagen in Flammen aufgegangen, und das Einzige, was ihm Mut machte, war die Hoffnung, dass sich das Feuer löschen lassen würde.

Lucas befand sich nicht nur in einer schwierigen Lebenssituation, vielmehr waren alle seine Lebensumstände bedrohlich und scheinbar ausweglos. Er sah sich damit konfrontiert, einen Weg einschlagen zu müssen, den er noch nicht klar sehen konnte. Er musste sich auf das Unbekannte einlassen und darauf vertrauen, dass sich jeder nächste Schritt zur rechten Zeit abzeichnen würde. Doch er brachte einen außergewöhnlich festen Willen mit, den nicht viele Menschen haben. Gleichzeitig waren er und seine Frau – trotz der schwierigen Tendenzen in ihrer langjährigen Ehe – in sehr tiefer Liebe miteinander verbunden, was nicht unerheblich zum Erfolg der Persönlichkeits- und Veränderungsprozesse beitrug.

Gerade weil ich schon viele Menschen in schwierigen Beziehungssituationen begleiten durfte, kann ich mit Sicherheit sagen, dass ohne diese Voraussetzung – die unbedingte Liebesfähigkeit und Verbundenheit, deren Potenzial aufgrund der oben genannten kulturellen Prägung nur selten voll entwickelt und entfaltet wird – oftmals der Weg der Trennung und

Scheidung als letzter Ausweg gilt, angestrebt und umgesetzt wird. Daran ändert auch der allgemeine Boom, paartherapeutische Unterstützung in Anspruch zu nehmen, wenig.

Lucas und seine Frau hielten während des gesamten Prozesses auf einer so tiefen Ebene an ihrer Liebe fest, wie sie sie sich gegenseitig noch nie so konkret erklärt oder jeweils für sich postuliert hatten. Diese Liebe war auf fast unbewusste und unspektakuläre Weise einfach da. Als Paar hatten sie unzählige handfeste Probleme, aber ganz tief drinnen hatten sie sich nie verraten. Obwohl sie diese Liebe nicht benannten, geschweige denn deren Kraft gestaltend nutzen konnten, hielt sie am Ende stand. Doch aus meiner Sicht, nach jahrelanger intensiver Auseinandersetzung mit dem Liebesaspekt, ist das leider eine sehr seltene Voraussetzung. Die meisten Menschen tragen im Herzen nur die verkümmerte Anlage zur Liebesfähigkeit, weil Erziehung und Bildung, Lebensart und Umgebungsmodi auf „Hard Skills" setzen – und kaum jemand ist sich dessen bewusst.

*

Für mich selbst ist die christliche Kultur von jeher freundlich. Über meinem Kinderbett hing einst das Auferstehungsbild von Johann Gustav Grunewald, das mein Vater für mich ausgesucht hatte, weil ich oft Albträume hatte. So könnte ich seiner Empfehlung nach den Christus um Hilfe bitten, damit diese hässlichen Träume verschwänden. Und genau so war es auch, selbst später noch, als ich schon längst erwachsen war: Immer, wenn es mir wirklich schlecht ging und ich Christus um Hilfe bat, wurde mir auf irgendwelchem Wege sofort geholfen.

Im Zuge verschiedener Ausbildungen und Studien kam ich jedoch erstmalig bewusst mit den theologischen Begrifflichkeiten und der biblischen Terminologie in Verbindung. Zunächst nervte es mich, dass im „Vaterunser" die Mutter fehlte und dass es immer um den väterlichen Willen ging. Also begann ich, Gott als Mutter und Vater anzusprechen. Und dann fand ich auch Aussagen, von denen ich einfach nicht glauben konnte, dass so etwas in einem heiligen Buch stehen dürfte. Ich beschäftigte mich mit der langen Geschichte des Christentums und war zutiefst verstört. Es gab also Jesus Christus, der immer zur Stelle war, wenn ich ihn rief. Da war Maria, die bei Heilungen ebenso spürbar war wie die anwesenden Engel. Und dann gab es noch eine gelebte Geschichte der Kirche und des Glaubens, die sich unglaublich dunkel und gewaltvoll zeigte. Warum diese Diskrepanz? Ich konnte mir von keinem heiligen Menschen vorstellen, dass er oder sie Gewalt und Unterdrückung guthieße, weder in den theistischen Religionen noch in den fernöstlichen Schulen.

Wenn ich nach Indien reise und mit Indern über Jesus Christus spreche, dann wissen die meisten sofort, wer gemeint ist. In ihrer Vorstellung ist Jesus ein Heiliger, ein Lichtträger, auch wenn sie an andere Gottheiten glauben. Sie akzeptieren ihn und sehen ihn häufig als Wegbereiter für die gemeinsame Erleuchtung. Das ist besonders interessant, denn in Indien gilt der Weg zur Erleuchtung als einsamer Weg, den nur Einzelne beschreiten. Im Gegensatz dazu schlägt Jesus Christus vor, diesen Weg gemeinsam zu gehen: „Wenn zwei oder drei in meinem Namen zusammen sind, so werde ich mitten unter ihnen sein." Obwohl dieser Satz aus Matthäus 18 Vers 20 häufig zitiert wird, assoziiert damit kaum jemand die Idee, Glück als eine Sache des Miteinanders zu verstehen.

Der seltsame Homo sapiens

Lesen wir das wunderbare Buch „Eine kurze Geschichte der Menschheit" von Yuval Noah Harari, so erfahren wir bereits auf den ersten Seiten, dass es bis vor 10.000 Jahren noch verschiedene Menschenarten gab, die zeitgleich auf verschiedenen Kontinenten lebten. Ihre gemeinsamen Vorfahren stammten alle ursprünglich aus Ostafrika, das ist rund 2 Millionen Jahre her, und dann zogen Sippen und Clans aufgrund verschiedener Nahrungs-, Klima- und Fortpflanzungs-Bedingungen in die unterschiedlichsten Richtungen und siedelten schließlich auf allen Erdteilen, wie wir sie heute kennen. Entsprechend unterschiedlich haben sich unsere Vorfahren entwickelt.

Irgendwann gab es nur noch den Homo sapiens aus der Homo-Gattung. Offenbar waren die anderen Arten verschwunden und es liegt der Verdacht nahe, dass diese Entwicklung dem Homo sapiens nicht nur zugutekam, sondern dass dieser am Verschwinden der anderen Menschenarten möglicherweise aktiv beteiligt war. Anders ausgedrückt, könnte es sein, dass er die Konkurrenz schlichtweg ausgelöscht hat. Das wäre kein wirklich feiner Zug, aber auf eine beunruhigende Art und Weise auch wegweisend für seine Zukunft. Sicher können wir uns dessen nicht sein, auch wenn dieser Verdacht perfekt zu den späteren Machenschaften des Menschen passt.

Erst vor 100.000 Jahren, so berichtet Harari, gelangte der Homo sapiens mit einer vergleichsweise schnellen und sprunghaften Entwicklung an die Spitze der Nahrungskette. Anders als beispielsweise Hai oder Löwe, die Jahrmillionen Zeit hatten, sich in ihre Rollen hinein zu entwickeln und anzupassen, wurde der Homo sapiens quasi auf einen Schlag überaus mächtig. Harari sieht in diesem besonderen Umstand auch einen Grund für die Kriege der Menschen und die Zerstörung unserer Ökosysteme: „Die Menschheit ist kein Wolfsrudel, das durch einen unglücklichen Zufall Panzer und Atombomben in die Finger bekam. Die Menschheit ist vielmehr eine Schafherde, die dank einer Laune der Evolution lernte, Panzer und Atombomben zu bauen. Aber bewaffnete Schafe sind ungleich gefährlicher als bewaffnete Wölfe."[3]

Hararis bildhafter Vergleich trifft es ganz gut, wie ich finde: Auf der einen Seite sind wir Menschen bis heute begeisterungsfähig und infantil, wir können uns noch wundern und freuen. Wir wollen in Frieden leben und nett unterhalten werden. Auf der anderen Seite haben wir „kannibalistische" Wirtschaftsstrukturen geschaffen, die bedingen, dass Kinder im Sekundentakt verhungern. Auf der Website der Welthungerhilfe und in den Büchern des Schweizer Soziologen Jean Ziegler, der für die UNO als Sonderberichterstatter tätig war, wird glaubhaft begründet, warum wir die Perspektive einnehmen sollten, dass gegenwärtig hungernde Menschen faktisch ermordet werden. Denn wir könnten die Not beenden, tun es aber nicht.

Es gibt nicht einfach „naturgemäß" Hunger auf der Welt, sondern wir alle machen, gestalten und kreieren Hunger. Doch als Gesamtheit sind wir Menschen in meinen Augen zu bedienerfreundlichen Konsumenten geworden, die die existierenden Missstände wie durch eine Art Nebel zwar wahrzunehmen scheinen, aber eher keinen Zusammenhang zum eigenen Denken und Handeln herstellen. Es gibt ihn trotzdem, auch wenn wir ihn weder sehen noch fühlen. Und wenn wir mit diesem Zusammenhang konfrontiert werden, trifft uns die Erkenntnis meist empfindlicher, als uns lieb ist.

Wer fährt zum Beispiel nicht gerne mit seinem Auto zur Arbeit? Weil es so bequem ist und weil man das Gefühl hat, unabhängig zu sein von Wartezeiten am Bahnhof und regel-

---

[3] Yuval Noah Harari: „Eine kurze Geschichte der Menschheit". Pantheon Verlag 2015, S. 21.

mäßigen Verspätungen der Züge. Oder weil man das Gefühl hat, nach Feierabend den Großeinkauf damit transportieren zu können. Okay, aber jeden Tag? Ich selbst kann mich davon gar nicht ausnehmen. Da brauchte es erst „Fridays for future", um die Augen zu öffnen und näher hinzuschauen. Um mir darüber klar zu werden, dass wir nicht einfach alle Ressourcen aufbrauchen können, um einen luxuriösen Lebensstil aufrechtzuerhalten.

Das Auto gegen das Fahrrad zu tauschen und so den CO2-Ausstoß zu verringern, ist jedoch nur ein winziger Schritt. Sämtliche weitere Konsequenzen meiner Bequemlichkeiten sind mir ja nicht immer bewusst. Mir fehlt die innere Verbindung zum schmelzenden Eis ebenso wie zu den Menschen, die meinen Wohlstand überhaupt erst ermöglichen und darunter leiden. Ich sehe zunächst einmal nur meine Situation, mein Leben, so wie es sich in meiner Perspektive darstellt. Ich selbst bin Teil dieser kapitalistischen Lebens- und Gesellschaftsstruktur, die auf Kosten anderer Menschen und auf Kosten der Natur ein bestimmtes Lebensniveau verteidigt. Offensichtlich habe ich den fühlenden Bezug dazu verloren. Doch es gibt sie, die direkte Verbindung zwischen Ursache und Wirkung, zwischen meinem Wohlstand hier und der Armut weit weg, zwischen meiner warmen Wohnung und dem verschwindenden Gletschereis, meiner seligen Nachtruhe und dem ohrenbetäubenden Lärm an den europäischen Grenzen.

Uns allen geht es so, wenn wir ehrlich sind. Wir alle können diese faktischen Zusammenhänge wissen, fühlen sie aber fast nie. Wie lässt sich das ändern? Wie kommen wir in einen spürbaren Kontakt damit, dass unsere höchst **PERSÖNLICHE** Lebensweise sich unbedingt auf das Leben an sich auf diesem Planeten auswirkt? Beunruhigt es uns nicht wenigstens, dass wir aller Intelligenz und Aufklärung zum Trotz so denken und handeln, wie wir das tun?

Wie alles anfängt

Unser Leben beginnt im Mutterleib. In den ersten Monaten fühlen wir uns wie schwerelos und dabei hundertprozentig geborgen, wenn alles glatt läuft. Unsere Bewegungen sind frei, wir haben Platz in unserem wonnigen Ozean, der nur für uns bestimmt ist. Unsere Ur-Verbindung über die Nabelschnur bedeutet ein Eins-Sein mit uns selbst und mit der Göttin, welche uns nährt, in diesem Fall unsere Mutter. Und vorausgesetzt, unserer Mutter geht es psychisch wie physisch gut, hält diese unglaublich schöne Verbundenheit einige Monate an.

Irgendwann jedoch wird der Ozean um uns herum immer kleiner. Wir wachsen und entwickeln uns beständig und an einem bestimmten Punkt treffen unsere Bewegungen im Ozean auf Widerstand. Die Unendlichkeit wandelt sich allmählich in eine immer deutlicher fühlbare Endlichkeit. Und diese Endlichkeit scheint immer deutlicher wahrnehmbar zu einer Begrenztheit zu werden. Nach und nach wird unser Bewegungsraum kleiner und kleiner – und dann wird es langsam eng. Nur noch kleinste Bewegungen sind uns möglich, denn wir haben den Ozean nahezu ausgefüllt.

Kurz vor der Geburt, wenn die Wehen einsetzen und der Muttermund noch geschlossen ist, kann es uns so vorkommen, als wolle uns die Göttin, welche uns so lange ernährt und beherbergt hat, umbringen. Die Kontraktionen der Gebärmutter setzen uns einem ungeheuren Druck aus. Vielleicht haben wir das Gefühl, dass es unser Ende ist, weil wir kein Licht sehen, keine Chance, diesem Druck, der mit bis zu zwanzig Kilogramm auf unseren Kopf einwirkt, noch länger standzuhalten.

Dann, endlich, geht der Muttermund auf, es gibt ein Licht am Ende des Tunnels und wir kommen heraus.

Doch es wartet gleich der nächste Schock auf uns: Die sichere Versorgung wird abgeschnitten, unsere Lungen müssen selbst tätig werden, die Umgebung fühlt sich alles andere als ozeanisch an. Möglicherweise werden wir nicht sofort der Mutter auf den Bauch gelegt, sondern isoliert. Oder wir haben doch das Glück und dürfen in unserem traumatischen Zustand zumindest in ihren schützenden Armen verweilen. Fakt ist, das Leben hier draußen verläuft nach komplett neuen Gesetzen!

In den ersten Lebensjahren sind wir häufig noch hellfühlig und hellsichtig, unsere Sinne sind noch nicht programmiert wie die der Erwachsenen. Vielleicht sind wir mit wunderbaren liebenden Eltern gesegnet und wachsen in einem schöpferischen Umfeld auf. Wir können uns ungehindert frei entfalten und mit großer Unterstützung zu dem entwickeln, was wir sein möchten und vor allem längst sind: göttlich und glücklich zugleich, froh, in einem sterblichen Körper einige Zeit verbringen zu dürfen.

Doch für die meisten unter uns war und ist es wohl nicht so. Schon allzu bald erfahren wir auf mehr oder weniger brutale Weise, dass wir doch nicht so vollkommen sind, wie wir uns eigentlich fühlen. Wir werden mit einer Anforderung konfrontiert, die uns utopisch erscheint: Wir sollen nicht einfach **sein**, sondern etwas **werden**! Und dann ist es mit der ungetrübten Freiheit und Gemütlichkeit vorbei, und zwar für länger. Wir werden in aller Herrgottsfrühe aus den Federn gerissen und in die Schule geschickt, um etwas zu lernen.

Die Art des Lernens, zumindest in den Schulsystemen der westlichen Kulturen, ist jedoch nicht auf unseren kindlichen Rhythmus abgestimmt, vielmehr müssen wir uns gezwungenermaßen dem fremden, strengen Rhythmus anpassen. Wir lernen Dinge, aber das meiste davon interessiert uns eigentlich nicht. Ich weiß nicht, wie es dir ging, aber ich schätze mal, die

Hälfte der Zeit haben die meisten Kinder keine Lust, zur Schule zu gehen, weder Spaß noch Freude beim stundenlangen Stillsitzen und Pauken. Aber gerade diesbezüglich wird uns ja der Zahn gezogen: „Sei brav, sei fleißig! Du lernst für dein Leben. Auf Spaß und Freude kommt es nicht an."

Diese Korrektur wird uns sehr lange begleiten.

Auf den ersten Blick ist es nicht immer gleich zu begreifen, aber tatsächlich lernen wir, dass es in der zivilisierten Welt **nicht (!)** in erster Linie um Liebe geht. Auch nicht um Freude oder darum, einfach miteinander glücklich zu sein. Zuerst kommen immer die Aufgaben, die zu erfüllen sind: das Lernen, der Haushalt, das Gehorchen. Später die Ausbildung, dann die Arbeit. Ein Leben lang. Zum Spielen und Lieben zu müde zu sein, ist okay, aber nicht in der Schule, nicht im Job. Da müssen wir fit sein und unser Bestes geben.

Das Leben, wie wir alle einstimmig singen können, ist hart und kein Ponyhof. Die Welt ist kein Spielplatz. Sicherlich fragen wir uns und unser Umfeld ab und an, warum das so ist. Doch dafür gibt es meist wenig einleuchtende Antworten: „Das ist eben so …", heißt es dann, oder: „Du musst etwas lernen, damit aus dir später etwas wird!" Letztere Ansage ist in Wahrheit eine Kampfansage, denn es bedeutet ausdrücklich, dass wir so, wie wir sind, nicht wunderbar, nicht komplett und (noch) nicht genug sind.

Scheinbar müssen wir etwas werden, das mit uns selbst nichts zu tun hat, und das werden wir viele Jahre mehr oder weniger erfolgreich versuchen:

Wir lernen, uns zu behaupten und durchzusetzen.

Wir lernen: „Höher, schneller, weiter!"

Wir lernen, dass das andere Geschlecht eine schwierige

Sache ist.

Wir lernen, dass wir Verlierer sind, wenn wir nicht die Besten sind.

Wir lernen, einem System zu dienen, das uns nur wenig dient.

Wir lernen, uns klar abzugrenzen, um erfolgreich zu sein.

Wir lernen, was wir kaufen, wie wir uns anziehen, was wir anschauen, was wir denken und sagen und was wir verschweigen müssen.

Möglicherweise fällt uns über die Jahre immer mal wieder auf, dass uns dieses Konzept, das im Übrigen gar nicht neu ist, sondern einer sehr alten Tradition folgt, nicht glücklich macht. Darüber hinaus blicken wir fassungslos auf all das Elend und den Schmerz um uns herum und hadern mit der glasklaren Einsicht, dass die Natur und der Mensch vor dem Kollaps stehen. Wir haben trotz modernster Technologie chronisch zu wenig Zeit zum Leben – **und die grundsätzlichen Fragen sind alle geblieben.**

Das liegt unter anderem auch daran, dass wir unsere schöpferische Kraft vergessen, verleugnet und bekämpft haben. Seither sind wir Teil eines wackeligen Gerüstes aus Abhängigkeiten und Notwendigkeiten, die wir als real ansehen, ohne zu bemerken, dass wir sie selbst so eingerichtet oder mindestens bedient haben.

*

Ich möchte noch einmal auf die Vermutung von vorhin zurückkommen: **Das alles hat wahrscheinlich nicht das Geringste mit uns selbst zu tun!** Wir werden, wenn wir das wollen, bemerken, dass das so ist. Wir sind sehr wohl imstan-

51

de, in diesem Paradies, das die Erde eigentlich ist, auch in unseren sterblichen Körpern paradiesisch zu leben. Doch um das zu tun, müssen wir unsere Aufmerksamkeit hin zu unserem bewussten Sein lenken – uns auf den Weg zu unserem Selbst machen. Dann fällt uns auch auf, dass all die Dramen und Opfer- und Tätergeschichten lediglich verschiedene Drehbücher sind, in denen wir mehr oder weniger unbefriedigende Rollen spielen. Und dann ist es auch nicht schwer zu verstehen, dass diese Drehbücher von verschiedenen Autoren innerhalb unseres Egosystems geschrieben wurden. Der moderne Mystiker Eckhart Tolle beschreibt es so: „Das Ego ist eine Zusammenballung sich ständig wiederholender Gedankenformen und konditionierter mental-emotionaler Muster, denen ein Ichgefühl unterlegt wird, ein Selbstgefühl."[4]

Wir können die eine oder andere Rolle spielen, doch keine dieser Rollen hat mit uns im Kern unseres Selbst und Seins etwas zu tun, ja, sogar der ganze Film nicht. Das heißt, wir können anstelle des absurden Kasperletheaters, das wir Menschen seit Ewigkeiten veranstalten, genauso gut schöne Drehbücher schreiben und herrliche Rollen spielen und unseren Aufenthalt im sterblichen Körper fantastisch gestalten.

Jede Minute, die du bewusst in dir ruhst, ist ein wunderbares Geschenk. Jede Minute, in der du dir bewusst machst, dass du deinen Verstand zwar nutzen kannst, du dennoch nicht deine Gedanken **bist**, ist ein kostbarer Schatz. Du bist weder deine Gedanken noch deine Rollen noch das Drehbuch, weder der Autor noch der Schauspieler. Du musst dich nur auf den Weg machen, aufstehen von deinem Platz und das Kino verlassen. Heraustreten aus der Identifikation.

[4] Eckhart Tolle: „Eine neue Erde – Bewusstseinssprung anstelle von Selbstzerstörung". Arkana 2015, S. 63.

Wenn ich von Kino spreche, meine ich all die Umstände und Zustände, die du selbst geschaffen hast. So, wie wir alle unsere Tradition, unsere Kultur, unsere Idee von Bildung, von Gesellschaft selbst schaffen. Wir sind die, die sich damit identifizieren – oder auch nicht. Wir können auch ganz andere Traditionen und Kulturen hervorbringen, wenn wir das wollen. Es besteht keinerlei Zwang, sich mit dem bestehenden Desaster zu identifizieren. **Wir sind die, die das machen, aber wir sind nicht das, was wir machen.** Wir haben es nur vergessen. Wir haben vergessen, dass wir das Kino selbst gebaut haben. Wir müssen nicht sitzen bleiben und unsere schlechten Filme in Dauerschleife ansehen. Wir können jederzeit aufstehen und gehen.

Fehlende Verbundenheit

Verbundenheit kann viele Bedeutungen haben. Du denkst bei dem Wort vielleicht zuerst an Beziehungen. Das ist nicht ganz falsch, aber noch vor jeder Beziehung zu einem anderen Menschen kommt es auf unsere Verbundenheit mit uns selbst an. Wir selbst, ich und du selbst, was ist das? Im Grunde sind wir reine Schöpferkraft, göttliche Natur, energetische Unsterblichkeit. Mit diesen Qualitäten verbunden zu sein, führt uns zu uns selbst. Sind wir „in uns selbst" verbunden, können wir das, was in unserem Körper und außerhalb unseres Körpers geschieht, beobachten, ohne uns damit zu identifizieren. Wir verwechseln das, was geschieht, nicht mit der Wirklichkeit, die wir sind. Die Wirklichkeit, die auch Allgegenwart genannt werden kann oder reines, bewusstes **Sein**.

Das bewusste Sein dehnt sich aus, wenn wir es wahrnehmen und uns nicht mit irgendetwas identifizieren. Es findet nur im Jetzt statt – oder im Jetzt-Raum, wie ich es nenne, denn jeder gegenwärtige Moment ist mehr als nur ein flüchtiger Augenblick: ein endloser **Raum**. Nehmen wir diesen nie endenden Augenblick wahr, breiten wir uns automatisch darin aus. Wir nehmen die Zusammenhänge und Inhalte wahr als einen Bruchteil von uns selbst. Die Rolle, der Film, das Kino, all das sind nur trockene Krümel. Wir selbst sind die Lebendigkeit und verbunden mit allem, was ist. Das Kino findet in uns statt, nicht umgekehrt.

Wenn wir diese fühlbare, natürliche und energetische Verbindung erst einmal entdeckt haben, sind wir in einer sehr viel wirksameren Gegenwart. Das Kino ist Pappmaschee, die Gegenwart ist echt. Wir wachen sozusagen in die Gegenwart auf und erst jetzt spüren wir die Grundharmonie in allem, ohne abgelenkt zu werden von irgendeinem raffinierten Plot. In dieser Grundharmonie begreifen und verstehen wir, dass wir einem wunderbaren göttlichen Plan beiwohnen, dessen Teil wir sind und aus dem heraus wir absichtslos agieren können. Absichtslos meint hier: zum Wohle aller Wesen. Wir tauschen unser kleines, sterbliches, identifiziertes Ego sozusagen gegen das göttliche Ego auf der energetischen Ebene, das zum Wohle aller Wesen **kreiert**.

Der Weg zu dieser Verbundenheit **führt von innen nach außen**. Es ist ein Weg, eine Strecke, weil es eine Entwicklung, ein Prozess ist, die Identifikationen loszuwerden. Es ist ja nicht nur eine einzige Identifikation, sondern alles, was außerhalb unseres Selbst geschieht, ist davon betroffen. Normalerweise sind wir es aber andersherum gewohnt: Wir nehmen außen wahr und führen diese Eindrücke nach innen. Das Kino, Angebote im Außen, verwechseln wir quasi mit dem, was wir in Wirklichkeit sind. Im Zuge dieser Verwechslung bekommen wir einerseits nicht mit, dass wir im Außen, also im Kino, alles selbst kreieren. Andererseits glauben wir, dass das, was im Kino läuft, was also unsere Gedanken und Emotionen auf die

Leinwand projizieren, wir selbst sind und nicht die Folgen unseres kreativen Schaffens. So schlecht der Film auch sein mag, er ist unsere eigene Kreation.

In den Medien, wie im Fernsehen, könnte es uns möglicherweise leichter auffallen. Dort sieht man Schauspielerinnen, Schauspieler oder Models in einer Scheinkulisse unter unechten Bedingungen. Wir wissen, dass es ein Film ist. Auch, wenn wir für etwa zwei Stunden darin abtauchen, kommen wir relativ schnell wieder daraus hervor. Aber nicht nur die Tatsache, dass der Film nicht die Wirklichkeit ist, versetzt uns aus der Gegenwart in eine Illusion. Auch das, was der Film zeigt, entspricht nicht unserer Realität, und das wiederum verstehen wir noch deutlicher, wenn es sich bei dem Film um Werbung handelt:

Ein muskulöser junger Mann springt aus dreißig Metern Höhe ins Meer. Er schwimmt ganz mühelos zum nahegelegenen Boot, um sich dort in Gesellschaft schöner Menschen ein kühles Bier zu öffnen. Das ist cool, das ist echt selbstbewusst. Auf diesem Bier steht ein Name (die Firma hat diesen Stuntman beauftragt). Zwar wissen wir, dass es sich „nur" um Werbung handelt, aber wir wären vielleicht auch gerne so gutaussehend, so durchtrainiert, würden uns auch gerne trauen, aus dreißig Metern Höhe ins Wasser zu springen, um dann ganz locker durch die Wellen zum Boot zu schwimmen, wo neben den schönen Frauen und Männern besagtes Bier auf uns wartet.

Wir identifizieren uns mit dem, was wir offensichtlich nicht haben, selbst dann, wenn wir gerade genau dieses Bier trinken. Denn wir sitzen auf unserem abgewetzten Sofa und stehen nicht auf der Klippe an der französischen Riviera. Anstelle von Sixpacks haben wir inzwischen eine Fettschürze entwickelt, zwei Handbreit tiefer. Es ist nicht schwierig, uns wie einen Ochsen mit Nasenring hinter einer scheinbar aufregenden Kulisse herlaufen zu lassen. Bedürfnisse werden geweckt und dank möglicher Kaufkraft zumindest zu einem Teil befriedigt. Doch diese Bedürfnisse sind nicht wir, das ist nicht unser Selbst.

Da wir uns meistens unserer selbst nicht bewusst sind, lassen wir uns auf Schritt und Tritt an der Nase herumführen. Allerdings nur dann, wenn wir uns mit der jeweiligen Situation aus irgendeiner Perspektive heraus identifizieren. Sonst klappt dieses Spiel nicht. Machen wir also einen Versuch: Beobachte in dir, was passiert, wenn du an die oben beschriebene Werbung denkst. Beobachte deine Gedanken und Gefühle. Da ist nur die Vorstellung einer Sonne, die über dir nicht scheint. Da sind nur deine Minderwertigkeitskomplexe oder Sehnsuchtsfantasien. Das ist alles. Das bist nicht du.

Illusionen und Scheinwelten haben eines gemeinsam: Sie erschaffen Wünsche oder Widerstände, sie aktivieren Emotionen, Wohlwollen oder Ablehnung, und jede Menge Gedanken, die mit uns selbst nichts zu tun haben. Und doch glauben wir, wir hätten etwas damit zu tun, weil wir uns damit identifizieren. Obwohl wir wissen, dass uns etwas vorgespielt wird, nehmen wir die **Images** als an uns gerichtete Botschaft an.

Etwas Ähnliches wie bei der Werbung geschieht im Bereich der Nachrichten und Berichterstattung: Ein Auslandskorrespondent erzählt genau das, was er erzählen soll, vom Krieg in einem Land – weiter weg, wie Irak oder Syrien. Dazu passend werden etwas betroffene Gesichter vor die auserwählte Kulisse gestellt. Und wir wissen, dass uns das Eigentliche vorenthalten wird, und nehmen die erlaubte und zensierte Restinformation zur Kenntnis. Der Börsenbericht klingt wie ein solides Geschäft und wir zappen weiter. Wir erfahren in einer Talkshow von einem Direktor eines Gymnasiums, dass wir die Kinder so unterrichten sollten, dass sie später erfolgreich in der Wirtschaft einsetzbar sind. Uns fällt gar nicht auf, dass es eigentlich die Wirtschaft sein sollte, die sich erfolgreich für die Kinder einsetzen sollte. Weiter geht's mit der Mode, den Medikamenten, der Sportindustrie und Videospielen. Identifikationen ohne Ende mit Schönheitsidealen, Gewaltexzessen zum Preis einer gefährlichen Desensibilisierung.

Wie kann es sein, dass all diese Täuschungen und Manipulationen akzeptiert werden? Die Antwort ist so einfach wie erschütternd: Unsere Egostrukturen wollen **unterhalten** werden, und das nicht erst seit der Neuzeit. Früher gab es das Kolosseum, heute digitale Medien. Unsere Schaulust hat nicht nachgelassen, im Gegenteil. Alle relevanten archaischen Inhalte sind immer noch topmodern. Wir verzichten auf unsere wunderbare Allgegenwart und sitzen stattdessen in der globalen Arena auf sauberen Plätzen, während auf dem Spiel- oder Kampffeld jede Menge Blut fließt. Es sind immer nur Bilder, die wir mit den Augen aufnehmen, während unser Körper unbeteiligt vor einem Flachbildschirm sitzt.

Egal, ob Direktübertragung von der libyschen Küste oder „Tatort", wir unterscheiden nicht einmal zwischen realem und inszeniertem Leid – und wenn doch, dann drücken wir die Nachrichten weg und hoffen beim Krimi auf gesicherte Gerechtigkeit am Ende. Der Bezug zu unserem eigenen politischen und wirtschaftlichen Handeln dringt nicht zu uns durch, aber wir unterhalten diverse Feindbilder, um nicht in den Spiegel schauen zu müssen. Und das funktioniert sehr gut.

Unsere Egosysteme sind äußerst perfide und intelligent aufgebaut. Deshalb ist es möglich, Völkermorde und die Zerstörung der letzten Naturressourcen mit einem kleinen Knips auf der Fernbedienung hinzunehmen. Wir sind in Ordnung und die Bösen sind immer die Anderen.

Eine Welt voller Egos

Glücklichsein ist an sich nicht kompliziert, die Egostrukturen, die es verhindern, wiederum schon. In der Episode mit der Pizza war das Ego noch leicht auszumachen, doch im Allgemeinen sind unsere Egostrukturen vielschichtiger. Vor allem wirken sie überall da, wo das Jetzt nicht ist – in unserem gewohnten Leben also fast immer.

Egosysteme sind **Energien**, die alle Lebensformen annehmen können. Sie sind auf vielfältige Art darauf spezialisiert, uns Menschen von unserem Selbst zu isolieren. Sie leben sozusagen von der Isolation und von der Trennung wie Dracula von Menschenblut. Stelle sie dir einmal vor wie straff organisierte und äußerst intelligente Großbanden, die unser Bewusstsein einnehmen und kontaminieren. Großbanden ist ein treffendes Bild, weil es unzählige Egoaspekte gibt, die alle auf raffinierte Art und sehr fein auf uns abgestimmt sind. Sie sind skrupellos, aber sie erscheinen fast immer im Gewand des vertraulichen Freundes. Sie soufflieren uns von morgens bis abends mit zuckernder Stimme Ungeheuerlichkeiten, die wir als solche nicht erkennen: Abspaltung, Leid, Schmerz, Isolation, Wut, Hass, Manipulation, Gier, Macht, Unterdrückung, Neid, Eifersucht, Ehrgeiz, Angst, Misstrauen, Konkurrenz, um nur ein paar zu nennen. Trotz unserer Bildung und Intelligenz durchschauen wir ihr Spiel nicht, denn sie verstehen sich glänzend darauf, verführerisch und logisch zu klingen. Dass ihr als Wohlwollen getarntes Treiben durchweg kühl und berechnend ist, zeigt sich daran, dass es an unsere archaische Naivität appelliert. Nur, wer genau hinsieht, wird die Fratze hinter der Maske entdecken.

Ein Beispiel: In der Nähe meiner früheren Wohnung gab es ein Kaufhaus. Eines Abends hatte sich neben der Einfahrt zum

Be- und Entladen ein alter Mann mit Pappkartons sein Nachtquartier gebaut und lag in seinem Schlafsack. Als ich vorbeikam, sah ich, dass er schlief, und legte ihm einige Euro hin. Ich war gerührt von seinem Schicksal, er hätte mein Vater sein können. Es war Herbst und bereits empfindlich kalt, also eine Zeit, wo man über einem dicken Pulli schon eine warme Jacke trug, die man bis oben zuknöpfen konnte. In der folgenden Zeit traf ich ihn häufig schlafend an und legte ihm immer einige Münzen hin. Mir tat es gut, denn ich hatte das Gefühl, ihm helfen zu können. Ich war mir sicher, er würde sich sehr darüber freuen, wenn er das Geld entdeckte.

Als ich eines Tages mit meiner damaligen Freundin dort vorbeikam, wollte ich ihr den Mann zeigen. „Guck mal", sagte ich leise, „da wohnt mein Lieblingspenner". Ich meinte es liebevoll, es war ja offensichtlich, dass er obdachlos war. Ich kramte Geld aus der Tasche, doch der Mann war dieses Mal wach, richtete sich auf und sah mich mit sehr klaren Augen an. „Ich möchte Ihr Geld nicht", sagte er ruhig und bestimmt. Als er meine ungläubige Miene sah, fügte er hinzu: „Behalten Sie Ihr Geld, ich brauche es nicht."

Ich war absolut irritiert und auch etwas verwirrt. Was war da gerade geschehen? Es dauerte Tage, um diesen Vorfall zu verarbeiten. Nach und nach sickerte eine Erkenntnis in mir durch, die mich zutiefst erschütterte: Wie subtil waren meine Egostrukturen eigentlich? Sie hatten mich vom ersten Abend an von der Idee überzeugt, etwas Besseres zu sein und über diesem Mann zu stehen. Er gehörte in eine Schublade, in die Kategorie „Penner". Was hatte ich mir bloß eingebildet, ihn meinen „Lieblingspenner" zu nennen? Noch nie war ich so direkt mit meiner Arroganz konfrontiert gewesen. Dieser Mann hatte nicht ein einziges Mal um Geld gebeten. Gar nichts wusste ich über ihn! Und dennoch schien für mich alles klar gewesen zu sein. Ich war auf ein **Image** hereingefallen, also auf das, was ich zu sehen **glaubte**.

Wie du siehst, zieht das Ego blitzschnell Schlüsse über alles und jeden. Es flüsterte mir ein, der gute Samariter zu sein. Offensichtlich hatte ich auf ein vermeintliches Fremdbild mit meinem vermeintlichen Selbstbild reagiert und beide Bilder entsprachen nicht der Realität. Meine Egostrukturen hatten mir eine fantastische Rolle zugeteilt, in der ich mich großartig gefühlt hatte. Sogar vor meiner Freundin hatte ich versucht, gut dazustehen. All das wurde mir immer klarer und irgendwann brachte ich den Mut auf, noch einmal diesen Weg anzutreten, um mich bei dem Mann zu entschuldigen. Doch er war nicht mehr da. Und plötzlich wusste ich, er war mir ein sehr guter Lehrer gewesen.

*

Seit damals achte ich sehr viel bewusster auf Situationen, in denen in mir der Gedanke auftaucht, es „gut zu meinen" und „gute Absichten" zu haben. Oft scheint es nämlich nur so und die Energie dahinter ist an eine Bewertung geknüpft – ein Urteil über einen anderen Menschen, eine Bedeutung, eine Meinung, eine Einschätzung aus meiner Gehirnwerkstatt, ein Kalkül der Voreingenommenheit meiner Egostrukturen. Solange mein „guter Wille" nicht direkt aus meinem Herzen kommt, taugt er nicht einmal für ein Lächeln. Niemand möchte unter Vorbehalten angelächelt werden, oder?

Ich halte es also für eine sehr gute Fährte, den Egostrukturen auf die Schliche zu kommen, indem wir darauf achten, wie, wann und was wir bewerten, um diesen mentalen Reflex mehr und mehr zu durchschauen. Denn erst, wenn wir damit aufhören, können wir die Dinge so sehen, wie sie sind. Interessanterweise funktioniert das Leben wunderbar ohne Bewertungen, erstaunlicherweise sogar um einiges besser. Alles, was wir sehen, sind nur Erscheinungen, die uns unserem programmierten Verstand gemäß so oder so vorkommen. Wir sehen aber die Wirklichkeit der Dinge nicht, solange wir über sie etwas **denken**.

Im Bewusstsein der meisten Menschen wird die Frage nach dem Ego mit egoistischem Handeln verknüpft. Das ist zwar nicht ganz falsch, aber als Antwort viel zu einfach. Die Bedürfnisse anderer über den eigenen Wünschen zu vergessen oder zu übergehen, mag dazugehören, aber das ist längst nicht alles. Unser Ego lässt sich weder systematisch am Charakter ablesen noch mittels gesunden Menschenverstandes ablegen. Denn so trivial ist es eben nicht.

Der scheinbar „gesunde Menschenverstand" ist selbst kontaminiert, ebenso wie die aus ihm resultierenden Gedanken. Hinzu kommt, dass, wie Eckhart Tolle hervorhebt, der Verstand eher uns benutzt als umgekehrt – wie ein verrückt gewordenes Gedanken- und Textprogramm, angereichert mit den passenden Emotionen. Man merkt es zum Beispiel daran, dass wir selten dazu in der Lage sind, einmalig und lösungsorientiert über einen Sachverhalt zu **denken**. Meistens wird der Sachverhalt nicht nur einmal, sondern ständig neu im Kopf gewälzt, gerne mit wechselnden Bewertungen und entsprechenden Emotionen. Es braucht viel Disziplin, um den Verstand und die Gedanken bewusst zu führen. Dann, aber eben auch nur dann, kann der Verstand hilfreich sein. Die meiste Zeit jedoch identifizieren sich auch unsere Gedanken mit Inhalten, die es so nicht gibt. Die Identifikationen mit Kontexten, die nicht der Wirklichkeit entsprechen, reichen dementsprechend sehr tief. Sie durchdringen unzählige Gebiete, die wir als normal bezeichnen.

DIE STADT DER EGOS

Einen unvergessenen Eindruck über die Komplexität der Egostrukturen durfte ich vor Jahren während einer von einem Schamanen angeleiteten Reise erleben. Es ging dabei explizit um die Arbeit mit dem eigenen Ego:

Es war Nacht. Ich näherte mich, wie ein Vogel fliegend, einer riesigen, hell erleuchteten Stadt. Sie erschien mir unendlich groß und ich beschloss, irgendwo da unten zu landen. Auf einer mehrspurigen Straße setzte ich auf und nahm augenblicklich meine Menschenform an. Ich sah mich um. Hochhäuser und Leuchtreklame, so weit mein Auge reichte. Ich machte mich auf den Weg.

Überall liefen Menschen geschäftig hin und her und folgten reizvollen Angeboten: Spiel, Prostitution und Konsum aller Art, Essen in Hülle und Fülle. Es schauderte mich, wie verführerisch und real mir das alles vorkam. Die Dinge schienen sich mir sekündlich anzupassen, oder wohl eher meinen zahlreichen herumrasenden Gedanken. Es war unheimlich, denn alles in dieser Stadt reagierte auf mich, und das in mehrfacher Hinsicht. Ich sah Korruption, Gewalt, Missgunst, Intrigen und Stolz und ich verspürte einen gefährlichen Sog, der von all dem ausging. Wo immer ich an eine Stelle kam, die ich als abstoßend empfand, erklärte mir „jemand" unter großen Beschwichtigungen, warum diese Brutalität oder jene Gier unter den gegebenen Umständen absolut verständlich sei. Es käme mir nur so schlimm vor, aber in Wirklichkeit sei es bei Weitem nicht so.

Während ich verzweifelt die Situation zu erfassen versuchte, änderten sich, wie von unsichtbarer Hand geführt, die sichtbaren Umstände. Nach und nach verlor ich meine innere Sicherheit. Ich wusste nicht mehr, was ich glauben konnte. Einerseits wirkten die Dinge recht harmlos auf mich, andererseits spürte ein anderer Teil in mir, dass sich eine Art Nebel über mein Bewusstsein gelegt hatte. Dieser Nebel mischte sich derartig in meine Erinnerungen und mein Urteilsvermögen, dass ich bald vergaß, was ich gesehen und gespürt hatte. Nur ein dumpfes Gefühl blieb, nicht zu wissen, wer oder was eigentlich meine Realität erschuf.

Auf einer höheren Ebene wurde mir plötzlich bewusst, dass diese Stadt und das ganze manipulative Theater den Teil meines Ichs beschrieb, in dem ich offensichtlich die meiste Zeit meines weitgehend unbewussten Lebens verbrachte. Ich verstand, wie raffiniert und berechnend mich meine Egostrukturen tagtäglich von einer Illusion in die nächste schickten. Sie mussten sich Zugang zu meinem Bewusstsein verschafft haben, um mich so zu steuern. Immer dann, wenn in mir ein Hauch von Zweifel aufkam, waren neue brillant durchdachte und höchst diplomatische Egos zur Stelle, die mich davon abhalten wollten, im Jetzt zu sein. Sie taten alles, um mich in der Vergangenheit oder in der Zukunft zu halten. Entweder dachte ich über Geschehenes nach, bewertete es anhand dessen, was ich in der Vergangenheit erfahren hatte, als schön oder hässlich, oder ich wollte etwas haben und malte mir aus, warum es so wichtig war, warum ich es unbedingt haben musste! Wenn ich gerade nichts haben wollte, war ich damit beschäftigt, irgendetwas abzuwerten und machte mir Gedanken darüber, warum es doch klar für mich war, dieses oder jenes nicht gut zu finden. In all dieser mentalen Dynamik flackerte kurz die Illusion auf, einen freien Willen zu haben. Immerhin durfte ich doch frei darüber entscheiden, was ich wollte, oder etwa nicht?

War ich wirklich so frei? Oder gaukelten mir das bloß meine Egostimmen vor, die mich keine Sekunde in Ruhe ließen? Sah die Freiheit so aus, dass ich **nicht einmal** nicht denken konnte? Mir wurde klar, dass nicht ich meine Gedanken benutzte, sondern sie mich.

In allen Geschichten kommen Egos vor, mehr noch, sie scheinen dem Verlauf des Lebens schon zu allen Zeiten die Würze zu verleihen. Eine Art böse Magie, die uns verhext, sodass wir glauben, der Spur der Egos zu folgen sei völlig normal. Wir stellen ihre Existenz gar nicht infrage. Wir glauben an das Ego-gesteuerte Leben, das von außen nach innen geführt wird. Wir glauben, äußere Machtkonstrukte zu brauchen, an die wir uns halten können. Die Identifizierungsmöglichkeiten sind überall auf der Welt sehr ähnlich, völlig unabhängig davon, ob jemand reich oder arm, gebildet oder ungebildet ist. Wer aus seinen Identifikationen heraus handelt, beabsichtigt etwas – das ist das Prinzip. Es geht darum, etwas zu erreichen oder etwas zu verhindern. Außer diesen beiden Bewegungen gibt es nichts.

Noch einmal: Egostrukturen sind **Energien**, die uns daran hindern, im Jetzt zu sein. Sie greifen äußere Wahrnehmungen, identifizieren sich damit, rufen dazu passende Emotionen hervor und münden in Bewertungen, deren Ursache in vergangenen Erfahrungen liegt, nicht selten traumatischer Natur: Was daraus folgt, sind immer **Reaktionen**.

Ein Beispiel: Ein Bekannter ruft uns an und äußert sich abfällig über unser Verhalten am Vortag. Dabei ist das, was wir gestern taten, ganz anders gemeint gewesen und wir haben keine Ahnung, wie dieser Mensch darauf kommt, unser Handeln so fehlzuinterpretieren. Noch während er spricht, denken wir empört: „Was soll das denn, das war doch ganz anders!" Vielleicht kommen wir gar nicht dazu, uns zu verteidigen oder zu rechtfertigen, weil der Mensch am anderen Ende der Leitung uns nicht aussprechen lässt oder einfach auflegt.

Kurze Zeit später wundern wir uns möglicherweise oder sind noch leicht verärgert. „Na ja, ist ja auch egal, da hat er wohl einen schlechten Tag gehabt", sagt unsere innere Stimme. Und nun könnten wir uns, falls wir das für nötig halten, kurz überlegen, ob es etwas zu tun gibt. Ziehen wir aus dem Gespräch eine Konsequenz oder nicht? Das zu entscheiden, wäre schon alles und wir könnten uns in aller Ruhe den Dingen widmen, die jetzt anstehen. Doch so einfach lassen uns unsere Egosysteme meist nicht los. Oft können wir uns für keine Konsequenz entscheiden, weil wir einerseits wütend sind und andererseits an uns selbst zweifeln.

Wir versuchen, die Sache zu vergessen und machen etwas anderes. Doch dann, keine halbe Stunde später, fällt uns dieses Telefonat wieder ein. Wieder ist es ärgerlich und vielleicht überlegen wir uns, was wir der Person sagen würden, wenn wir jetzt mit ihr sprächen, was wir gerade aber gar nicht tun. Die spannendsten Szenarien spielen sich immer in unseren Köpfen ab. Wir ziehen diese unerhörte Person gedanklich zur Rechenschaft und sagen ihr mal klipp und klar, was Sache ist. Oder wir beschimpfen sie, dann kann sie mal sehen, wie das ist! Vielleicht sind wir sogar so gemein, dass wir sie voll auflaufen lassen – alles nur im Gehirn.

Manchmal entdecken wir eine Boshaftigkeit in uns, die uns erschreckt. Natürlich haben wir das ja nur gedacht, denken wir dann und für kurze Zeit ist wieder Ruhe. Dann ist das Telefonat wieder da, dieses Scheiß-Telefonat! Der Wechsel zwischen kurzer Ruhe und anhaltendem Ärger wiederholt sich vielleicht über den ganzen Tag. Später werden wir es noch unserer Partnerin oder unserem Partner oder unseren Freundinnen und Freunden erzählen, meist aber nicht, um uns wirklich tief auszutauschen und um eine echte Hilfestellung aus diesem Dilemma zu bekommen. Es wird nur das Drama sein, das wir inszenieren wie einen Krimi im Fernsehen.

Dann erzählt uns der Partner oder die Freundin eine ganz ähnliche Geschichte, die ihm oder ihr erst kürzlich passiert ist. Und jetzt können wir uns noch einmal im kleinen Kollektiv darüber aufregen, wie gemein und dumm doch manche Menschen sind. Dass wir uns über das Verhalten anderer ärgern oder lustig machen, ist doch völlig normal. Jedenfalls scheint es uns so. In einer Gesellschaft, die ihre Energien hauptsächlich von außen nach innen richtet, gelten viele von Egostrukturen begründete Denk- und Handlungsweisen als „normal".

Warum halten wir Gegebenheiten für normal, obwohl sie offensichtlich streitbar sind? Was heißt überhaupt normal? Einer Norm entsprechend, sagt der Duden. Doch wozu brauchen wir Normen? Um uns gegenseitig beurteilen zu können? Oder um zu bestimmen, welche Seitenlängen eine DIN-A4-Seite hat? Unabhängig davon lässt sich über Normalität leider nicht die tiefere Qualität einer Sache ermitteln. Es ist an vielen Orten dieser Welt normal, sich mit Ellenbogen und verbalen Abfälligkeiten durchs Leben zu bewegen, ganz besonders um im beruflichen Leben vorwärts zu kommen. „Fair" sind immer die Produkte, die teurer sind. Und Empathie gehört zu den Privilegien, die nicht als kassenärztliche Leistungen geführt werden. Und doch wünschen wir uns alle so sehr, wertschätzend und mitfühlend, wohlwollend und fair behandelt zu werden

Wie wir die Heiligkeit verloren

Wenn wir beten oder meditieren, wenn wir kraftvolle Worte und Sätze sprechen, beispielsweise ein Mantra, ist **Heilung** möglich. Heilung meint hier nicht nur die Gesundheit von Körper und Geist, sondern auch die Entwicklung des Bewusstseins. Es sind keine bloßen Rituale, sondern wirksame Selbstbeiträge zur Gesundung. Seit jeher und bis heute steuern Menschen diese „Eigenleistungen" ihres Glaubens bei, wenn sie krank sind, ob an der Seele oder am Körper. Den Begriff „Krankheit" möchte ich hier allerdings weiter fassen: wenn die Harmonie fehlt, etwas aus der Balance gerät, die Stimmigkeit fehlt. In diesem Sinne sind wir eigentlich ständig krank, so wie die ganze Welt.

In meiner therapeutischen Arbeit unterstütze ich meine Klient*innen bei inneren, aber auch äußeren Heilungsprozessen unter anderem mit indischen Mantras, schamanischen Ritualen oder Heilsprüchen aus der Bibel. Es hilft ihnen auf verschiedene Arten, sich für ihre Heilung zu öffnen oder selbst Heilungsimpulse einzuladen. Es inspiriert und ermutigt sie, selbstständig daran weiterzuarbeiten, wenn die Sitzung vorbei ist.

Wenn wir das Göttliche, den großen Geist, das All-Bewusstsein, die Schöpferkräfte, oder wie immer du es nennen willst, wirklich **rufen**, uns anvertrauen und hingeben und damit verbinden, spüren wir die göttliche Anwesenheit wie eine heilige Energie. Das Thomasevangelium der Apokryphen sagt es so: „Ich bin das Licht, dieses, das über allen ist. Ich bin das All; das All ist aus mir gekommen. Und das All ist zu mir gelangt. Spaltet ein Holz, ich bin da. Hebt den Stein auf und ihr werdet mich dort finden."[5] Kritisch möchte ich an dieser Stelle jedoch

---

[5] „Thomasevangelium". Logion 77.

hinzufügen, dass es dabei aus meiner Sicht nicht um einen personifizierten Gott geht. Dennoch ist dieses Zitat so wahr wie großartig und ermutigend. Du findest die göttliche Energie und Gnade überall und zwar unabhängig von Institutionen, Religionen oder Schriften.

Die schöpferische Energie ist nicht exklusiv in Kirchen oder Tempeln zu finden, sondern durchdringt und erfüllt einfach alles, unseren globalen Alltag, zeit- und raumlos. So glauben es im Übrigen seit jeher viele Naturvölker. Das Göttliche, von dem der Evangelist Thomas berichtet, ist darüber hinaus mit einer fundamentalen Kraft, einem universalen Prinzip in Verbindung zu bringen: **Liebe!** Ich sage gerne Christus-Energie dazu, weil mich sein besonderes Beispiel, liebevoll zu denken und zu handeln, so berührt. Was nun immer du mit dem Wort Liebe verbindest, wir werden uns darin einig sein, dass sie unermessliche Power hat. Woran sollten wir glauben, wenn nicht an die Kraft der Liebe?

Dieser universale Ansatz bringt uns direkt zu den Konflikten, mit denen es die Menschheit zu tun hat. Schauen wir uns um, sehen wir praktisch recht wenig Liebe oder jedenfalls eine sehr privatisierte Liebe. Sie ist leider nicht zur Grundlage von Gesetzestexten erklärt worden und es gibt auch kein Schulfach dazu. Liebe scheint eine Option zu sein, die nicht lebenswichtig ist, aber dafür viel Stress und Ärger macht, wenn man Liebe nur in lebenspartnerschaftlichen Beziehungen vermutet. Tatsächlich aber können wir ohne eine liebevolle Einbettung in die ganze Schöpfung, deren Teil wir ja sind, nicht glücklich sein. Unserer Herkunft nach ist die ganze Menschheit unsere Familie. Und doch ist uns meist schon der eigene Nachbar fremd, im Kollegenkreis sind wir professionell distanziert, überhaupt haben wir mit Menschen außerhalb unseres Familien- und Freundeskreises wenig zu schaffen.

*

Neben der grassierenden Lieblosigkeit ist uns Menschen noch etwas anderes zum Verhängnis geworden: **Abhängigkeiten!** Freie und unabhängige Menschen sind so ziemlich das Letzte, was Religionen, aber vor allem auch Industrie und Wirtschaft gebrauchen können. Abhängigkeiten sind absolut wichtig, um Macht ausüben zu können. Im Ergebnis besitzen einige wenige Menschen viel von dem, was eigentlich allen gehört. Auch das ist nichts Neues, das gab es schon zu allen Zeiten.

Betrachten wir es einmal so: Menschen, die einerseits mit der Natur und andererseits mit dem anderen Geschlecht gut verbunden sind, lassen sich nicht so leicht manipulieren. Das liegt auf der Hand, weil mit diesen beiden elementaren Verbindungsfeldern Gesundheit, innerer Frieden und Glück einhergehen. Wer erfüllende Beziehungen hat und im sinnvollen Einklang mit der Natur lebt, ist zufriedener als jemand, der einsam und ziellos durchs Leben geht. Und wer in sich selbst zufrieden ist, ist weniger anfällig für kompensierenden Konsum, Ideologien und Süchte.

Die gezielte Entzweiung der Geschlechter ist eines der ältesten zwischenmenschlichen Dramen überhaupt. Den Jahrtausende währenden „Krieg" zwischen Mann und Frau zählt allerdings kaum jemand zu den Hauptgründen allgemeiner Unzufriedenheit. Erst bei näherem Hinsehen entpuppt sich diese „normale" Tatsache als weltumspannender Zwiespalt. Die Entfremdung von der Natur wird ebenfalls kaum auffällig, wenn die Frage im Raum steht, warum wir seelisch oft unausgeglichen sind und immer weniger Bezug zu einem Lebenssinn finden. Die kernfamiliäre Verbindung zu schwächen und das freiheitliche In-der-Natur-Sein aus den Lebensprogrammen zu verdrängen, steht jedoch nicht auf der Agenda des Zufalls oder des Schicksals, sondern gehört zu den Altstrategien der Religionsführer und Wirtschaftsbosse. Denn wenn wir den tieferen Grund für unser Dasein verlieren, geraten wir in Not und wenden uns an Instanzen, die versprechen, alles wieder richten zu können, insbesondere an die, die sozusagen eine Monopolstellung in Sachen Göttlichkeit auf erfolgreiche Beine gestellt haben: den Klerus, und natürlich auch an die Produzenten, Dienstleister und Versicherer in Sachen Ersatzbefriedigung und Kompensationsglück.

*

Gehen wir einen Schritt weiter: Es ist kein Geheimnis, dass pharmazeutische Multikonzerne den gesunden Menschen und die unversehrte Natur hinter ungeheuren Profitanliegen zurücktreten lassen. In früheren Zeiten hatten Frauen die Heilkräfte der Natur als Verbündete. Sie wussten beispielsweise, wie man mit Pflanzen und Elementen heilte. Doch diese wissenden und fähigen Frauen wurden von der Inquisition verfolgt und als mit dem Teufel im Bunde stehend hingerichtet. Gleichzeitig wurden wertvolle Haine abgeholzt und der Zugang zur intakten und heiligen Natur verwehrt. Allein im Vatikan existieren ca. 4.500 Schriftbände über diese Menschenjagd, und erst in den 1990er Jahren wurden die Archive des Vatikans geöffnet. Viele Akten blieben weiterhin verschlossen und erst im März 2019 kündigte Papst Franziskus an, auch die bisher vor der Öffentlichkeit zurückgehaltenen Akten zu Papst Pius XII zugänglich zu machen. Seit 2020 dürfen nun Wissenschaftler und Experten die Pius-Texte studieren, die während des Nationalsozialismus entstanden.

Es würde mich nicht wundern, wenn diesbezüglich Ungeheuerliches zu erfahren sein wird, schließlich hat es die Kirche schon immer verstanden, in engster Verflechtung mit Handel und Politik ihre Interessen durchzusetzen und in die Welt zu tragen – meistens mit Gewalt: Christianisierung oder Kolonialisierung waren die bevorzugten Mittel. Menschen wurden zwangsweise bekehrt oder bei Widerstand getötet. So erging es unzähligen Indianerstämmen in Süd- und Nordamerika und vielen Naturvölkern in Afrika, Asien, Australien und wo uns unsere Schiffe seinerzeit noch hinbrachten.

Zum Glück liegen diese blutigen Zeiten lange hinter uns und im Zuge der Säkularisierung verliert die Kirche zusehends an Macht. Gleichzeitig ist deren Menschen-unwürdige und Natur-verachtende Handschrift bis heute überall da zu finden, wo Eigeninteressen vor Mensch und Natur stehen. Wir haben wenig dazugelernt, weil die Richtung, in die wir als Menschheit rennen, immer noch die verkehrte ist. Die Gnade der Verbundenheit und ein glückliches Miteinander stehen nach wie vor nicht im Mittelpunkt unserer Aufmerksamkeit. Wenn wir uns jedoch unserer natürlichen Mitmenschlichkeit aktiv zuwenden und uns unserer unglaublichen Möglichkeiten **bewusst** werden, dann können wir alle miteinander **heilig**, also ganz sein.

VERBUNDEN SEIN MIT ALLEM

Carl kam zum Coaching in meine Praxis, weil er die Option spannend fand, tiefer in sein Bewusstsein einzusteigen. Er erlebte die Vielseitigkeit der Atemarbeit in Einzelsitzungen und innerhalb einer Gruppe, die sich regelmäßig auf Atemreisen begab.

Im Verlauf seiner Erfahrungsberichte ergaben sich Inhalte, welche bei vielen Menschen auftauchen, die sich intensiv mit ihrem Bewusstsein beschäftigen.

In den ersten Sitzungen stehen oft biographische Erlebnisse, die einen selbst und die Herkunftsfamilie betreffen, im Vordergrund: Carl tauchte immer wieder in seine eigene Familie hinein. Er nahm seine Eltern sehr intensiv wahr, als Kinder wie auch als alte Menschen, seine verstorbene Oma war oft zur Stelle, auch um ihm Sicherheit und Geborgenheit zu vermitteln. In einer Sitzung gelang es ihm, seinen Ururgroßvater zu sehen und sogar genau betrachten zu können. Diese alltäglichen sowie biographischen und tradierten Inhalte werden oft in einer Intensität und Vielschichtigkeit erfahren, die im Alltagsbewusstsein so nicht vorkommen.

Obwohl Carl es selbst nicht erlebt hatte, geriet er in längst vergangene Situationen von Krieg und Elend und nahm an dem Geschehen teil, als würde es gerade stattfinden.

„Ich sehe mit den Augen meiner Oma, wie SS-Schergen wüten und Leichenberge auftürmen. Ich spüre ihr Entsetzen, weil ich durch sie diese Situation sehe. Dieses Bild wiederholt sich: Erschießungskommandos, verzerrte Gesichter.

Und es geht zurück in der Geschichte. Ich sehe Schlachten, Kreuzzüge und sich auftürmende Leichenberge, Blut über Blut. Ich bin unendlich traurig und verzweifelt darüber, was Menschen sich antun.

Ich fühle mich beklemmt, unter enormer Anspannung. Ich renne weiter durch Schlachtenszenen und sehe nur rohe Gewalt, Orgien der Sieger mit Vergewaltigungen von Frauen. Es ist keine Liebe da. Nur Zerstörung, Blut und Leichen. Ich ziehe alle diese Leichen auf einem riesigen Schlitten hinter mir her. Es ist ein Gefühl des Kreuzes, und ich verstehe die biblische Aussage: Jesus hat das Kreuz auf sich genommen.

Letztlich werden mir die Bilder zu schwer und ich beende diese Sitzung – durchaus mit der Dankbarkeit, auch diese gesehen haben zu dürfen."

Diese Erfahrungen sind typisch, wenn man viele Atemsitzungen macht. Man nimmt viel von dem wahr, was im, nennen wir ihn mal, „großen Raum" gespeichert ist und was unsere Vorfahren erlebt haben.

Ebenso intensiv erfuhr er in einer Sitzung die Verbindung und die Verbundenheit mit allem Lebendigen. Und ihm wurde klar, dass Bewertungen wie „Gut" und „Böse" deshalb keine Rolle spielen, weil man mit allem verbunden ist, was um einen ist.

So werden auch spirituelle Inhalte oft mehrdimensional erfahrbar. Carl erlebte in Visionssitzungen, wie Licht durch ihn durchströmte, er beobachtete, wie es durch seine rechte Gehirnhälfte und sein drittes Auge floss – und dann war plötzlich alles Licht. Er erkannte darin die Anwesenheit des Göttlichen, und ein unbeschreibliches Gefühl der Dankbarkeit und der Demut überkam ihn.

Er machte spektakuläre Gotteserfahrungen, in denen sein Herzraum sich mit Licht füllte und er erkennen durfte, wie unendlich die göttliche Kraft und der Ursprung allen Seins ist. Er erlebte auch, wie ihm gezeigt wurde, dass auch er göttlich, dass auch er ein Teil des großen, heiligen Lichtes ist.

Das waren für ihn sehr starke und unvergessliche Erfahrungen, die tiefstes Vertrauen, tiefste Demut und eine Art Urwissen in ihm wachriefen.

„Es tut sich eine Stadt auf, eine Art Ego-Stadt. Die Egos, die Ablenker, die Zerstörer. Dort Kopulation, dort Pornographie, dort Fratzen und Kobolde, dort Verlockungen.

Gehe mir nach. Ich zeige dir die Welt. Höre auf mich. Es ist wie ein Jahrmarkt. Diese Stadt steht mitten im Raum, und egal, wohin ich mich drehe, überall die Rufer – ein echter Sündenpfuhl.

Was jetzt kommt, muss ich noch in aller Tiefe verarbeiten: Ich verlasse diese Ego-Stadt und gehe auf Jesus (sic!!!) zu. Er ist, wie auf den Herz-Jesu-Bildern. Er winkt mich zu sich, umarmt mich, nimmt mich bei der Hand und geht mit mir in Richtung Licht. Wir gehen zusammen, ich verabschiede mich, er lädt mich ein zu bleiben. Das geht ein paarmal so.

Schließlich frage ich ihn nach dem Vater. Er zeigt in eine Richtung, voraus, wo ein ganz kleiner Lichtpunkt ist. Ich denke mir, für den Vater bist du viel zu klein. Das ist aufbewahrt für die Zeit nach dem Tod. Aber Jesus animiert mich, weiterzugehen: Ich gehe auf mich selbst zu – ich bin göttlich!

Ich bin der Vater!!!!

Wieder schaue ich zurück zu Jesus, und er lächelt. Ich schaue wieder vor und sehe mich.

Ich bin platt.

Dann gehe ich zurück zu Jesus und er zeigt mir wieder die Ego-Stadt. Die wird plötzlich ganz klein, bis ich sie in der Hand halte, bis ich sie in die Tasche stecke, noch mal rausnehme, anschaue, und sie ist wieder kleiner: ein Stecknadelkopf, ein Sandkorn – ein Atom. Wo vorher noch ein Sündenpfuhl war, ist jetzt Licht. Hand in Hand gehen Jesus und ich durch dieses Licht.

Zu den berührendsten Aspekten in meiner Arbeit gehört die realistische Möglichkeit, mit Menschen, die physisch nicht mehr da sind, spürbar und nährend verbunden bleiben zu können. Das erleben viele meiner Klient*innen als Hoffnung im Hinblick auf ihre eigene Vergänglichkeit. Ebenso wertvoll ist die Erfahrung, über Menschen hinaus auch mit der ganzen lebendigen Natur und allem Wesenhaften – um den universellen Kontext einmal so zu benennen – verwoben zu sein. Es entsteht ein größeres Gewahrsein, wie schön und einzigartig unsere Schöpfung ist, und dies wiederum lässt mehr Dankbarkeit im Herzen aufkommen. Es ist kein neues Wissen, wenn man so will, sondern eher ein tieferes und umfänglicheres Erkennen eines ursprünglichen Zusammenhangs, der sich auf eine ursprüngliche Qualität reduziert formulieren lässt: **Frieden** – das eigentliche Geheimnis des Lebens.

Der Geschlechterkrieg

Was wäre, wenn wir darum wüssten, dass Frauen und Männer einander auf wunderbare Weise ergänzen? Was wäre, wenn wir erführen, dass Sexualität tief gelebte Spiritualität ist? Könnten wir glauben, dass es möglich ist, als Mann und Frau in der Verschmelzung miteinander **eins** zu werden – also ganz und damit heilig? Und wie gerne würden Frauen und Männer ihre Zeit zusammen verbringen und gemeinsam liebevoll ihre Kinder erziehen, wenn sie miteinander eins wären?

Meinst du, ein Mann, der dieses großartige Geheimnis kennt, würde sich als Kampfmaschine in einen absolut unnötigen Krieg schicken lassen? Und wenn wir alle dieses Geheimnis für uns lüfteten, könnte dann eine Industriedominanz herrschen, die Frau und Mann und Kind weder wertschätzt noch schützt? Ich behaupte, dass die unüberwindlich scheinende Kluft zwischen den Geschlechtern manipuliert ist. Sieht man sich konkrete Aussagen der Bibel dazu genauer an, dann erahnt man das Vergiftungskonzept, welches dahintersteht, den Keil, der in die ursprünglich heilige Verbindung zwischen Mann und Frau getrieben wurde:

> „Und zum Weibe sprach er: Ich will dir viel Mühsal schaffen, wenn du schwanger wirst; unter Mühen sollst du Kinder gebären. Und dein Verlangen soll nach deinem Manne sein, aber er soll dein Herr sein." (Genesis 3,16)

> „Ihr Frauen, ordnet euch euren Männern unter wie dem Herrn. Denn der Mann ist das Haupt der Frau, wie auch Christus das Haupt der Gemeinde ist, die er als seinen Leib erlöst hat. Aber wie nun die Gemeinde sich Christus unterordnet, so sollen sich auch die Frauen ihren Männern unterordnen in allen Dingen." (Epheser 5, 22-24)

> „Einer Frau gestatte ich nicht, dass sie lehre, auch nicht, dass sie über den Mann Herr sei, sondern sie sei still. Denn Adam wurde zuerst gemacht, danach Eva. Und Adam wurde nicht verführt, die Frau aber hat sich zur Übertretung verführen lassen." (Timotheus 2, 12-14)

Womöglich waren die Autoren der Texte selbst davon überzeugt, dass diese offenkundige Diskriminierung der Frau eine gute Idee sei. Dies wäre nur umso tragischer und änderte dennoch nichts an den Folgen, die wir bis in die Gegenwart hinein spüren, denn von theologischer Seite wurde in den letzten 2.000 Jahren der bereits existierende Keil im Namen Gottes noch weiter hineingetrieben in die Verbindung von Männern und Frauen. Es mag nicht zu leugnen sein, dass die Entwicklung der Liebe zwischen Mann und Frau von jeher eine große

Herausforderung darstellt. Doch wir haben in Bezug auf unser ideologisches Erbe diese grundsätzlich Frauen verachtende und Beziehungen spaltende Einstellung der Kirche sowie vor allem deren traumatisierende Wirkung bis heute nicht bewusst verarbeitet und aufgelöst. Im Gegenteil, sie haben sich in alle relevanten Lebensbereiche ausgedehnt und wirken weiterhin höchst destruktiv.

Laut einer Studie des Bundesministeriums für Familie, Senioren, Frauen und Jugend aus dem Jahre 2004 hat jede vierte Frau zwischen 18 und 75 Jahren in ihrem Leben Gewalterfahrung psychischer oder physischer oder sexueller Natur gemacht.[6] Erst seit 1997 gibt es in Deutschland ein Gesetz, das die Vergewaltigung der Frau innerhalb der Ehe verbietet. Seit 2002 ist häusliche Gewalt per Gesetz verboten und erst seit 2011 gibt es ein Übereinkommen des Europarats zur Verhütung und Bekämpfung von Gewalt gegen Frauen und häuslicher Gewalt, welches 2014 in Kraft trat. Reichlich spät!

Keiner der Männer, die ich persönlich kenne, ist gewalttätig oder schlägt seine Frau und rechtfertigt das mit der Bibel. Vielleicht geht es dir genauso. Und doch gibt es unstrittig viel Gewalt innerhalb von Familien. Nicht nur die gerichtlichen Prozesse ziehen sich oft in die Länge aufgrund der komplexen Tatbestände, auch die inneren Prozesse, sich auf ein gewaltfreies Miteinander auszurichten, kommen nur schleppend voran. Es ist offenbar nicht einfach, umzudenken und aufeinander zuzugehen. Noch schwerer ist es, einander zu verzeihen und zu versöhnen.

---

[6]   https://www.bmfsfj.de/bmfsfj/studie--lebenssituation--sicherheit-und-gesundheit-von-frauen-in-deutschland/80694 (aufgerufen am 30.1.2021).

Manipulierter Richtungswechsel

Wir kennen die Geschichte. Wir sind bildungsmäßig damit vertraut, dass Religionsführer schon immer das Recht für sich in Anspruch nahmen, im Namen ihres Gottes Andersgläubige zu richten. Kolonialherren und Eroberer konnten sich der göttlichen Gunst und Gnade gewiss sein, selbst wenn sie ganze Völker ausrotteten oder versklavten und deren Länder einfach in Besitz nahmen.

Die Multikonzerne von heute machen es nicht viel anders: Sie holzen beispielsweise die Regenwälder ab und zerstören damit die Refugien der dort lebenden Menschen und Tiere. Wir westlich-zivilisierten Menschen glaubten und glauben stets, etwas Besseres zu sein. Wie primitiv sind indigene Völker? Wie naiv stellt es sich für uns dar, wenn sie mit Kräutern sprechen oder sich vor Bäumen verneigen? So einfach ist diese Frage nicht zu beantworten: Nachdem wir den Baumbestand der Erde fast auf ein Minimum reduziert haben, ergeben neueste Forschungen, dass Bäume und Pflanzen auf verschiedene Art und Weise „kommunizieren". Hätten wir da nicht längst von dem subtilen kommunikativen Wissen der Eingeborenen lernen und profitieren können? Die traditionelle Medizin der Ureinwohner vieler Länder steht unserer westlichen Schulmedizin in nichts nach. Es ist nur ein anderer Weg zur Gesundheit, abgesehen davon, dass diese Menschen nicht unter Zivilisationskrankheiten leiden. Statt diese Tatsache zu leugnen, könnten wir von ihnen und sie von uns lernen. Was hält uns bloß davon ab, diesen Menschen mit Würde und Respekt zu begegnen?

Dass alles Lebendige miteinander verbunden ist, hat die Quantenphysik seit einigen Jahrzehnten plausibel gemacht. Viele naturverbundene Völker wissen dies aber bereits seit

Tausenden von Jahren – ohne Wissenschaft. Dennoch werden sie immer noch geringschätzig behandelt, als seien sie ein Dorn im modernen Zeitalter, den es zu entfernen gilt. Die Idee, als Mensch von Gott separiert zu sein, als Frauen und Männer verfeindet zu leben und die Natur als dinghaft auszubeuten, hat eine Distanz produziert, eine Trennung, wo es nie eine Trennung gab! Wir haben als Menschen unsere Verbundenheit verloren und unser Vertrauen in uns selbst und in die Natur, von der wir unwiderlegbar ein Teil sind. So sind wir einer Wirklichkeit beraubt, für die es keinen gleichwertigen Ersatz gibt.

Unser verhängnisvoller Weg von außen nach innen begann mit der Idee, getrennte Einzelwesen zu sein. Das Göttliche war nicht mehr **in** (!) uns, also mussten wir es draußen suchen, außerhalb von uns. Da es die heilige Liebe nicht zwischen uns gab, isolierten wir uns voneinander. Und da wir uns die Erde „untertan" machten, verloren wir den lebensnotwendigen grundsätzlichen Bezug zu einem wertschätzenden Umgang mit der Natur. Das Problem ist: Wir sind diese Natur.

*

In vorchristlicher Zeit, so erzählen es Historiker, waren Götter, Elementarwesen und vieler Art geistiger Entitäten überall in der erdnahen Sphäre anzutreffen. Die Natur war reich beseelt und die Menschen lebten mit allen Mitwesen im Einklang. Die heiligen Beziehungen zwischen der geistigen und der materiellen Welt waren noch vollständig intakt, vital und lebendig. Die frühen Völker aller Kontinente pflegten die Naturverbundenheit und verstanden sich nicht nur innerhalb ihrer Sippe oder ihres Clans als ein „Wir", sondern in Gleichrangigkeit mit allen Lebewesen. Die schöpferischen Energien wurden direkter zurate gezogen und genutzt. Die Dinge waren, wenn auch auf naive Art, **für** (!) das Leben ausgerichtet, ein Vorteil, der heute nur noch selten zur Wirkung kommt. Ich spreche hier nicht von paradiesischen Verhältnissen oder vom Schlaraffenland, vielmehr davon, dass das gemeinsame Streben und Schaffen alles Wesenhaften dem Leben und Überleben diente.

Bestimmt kannst du diese Qualität etwas nachvollziehen bei einem längeren Spaziergang im Wald oder am Meer, auf einem Hochplateau im Gebirge oder auf einer Almwiese. Wo immer du dich zur Entspannung aufhältst, kommst du früheren Lebensweisen näher, denn es regt deine Instinkte an, du nimmst deine Sinne mehr in Anspruch als dein Denken. In früheren Zeitaltern trafen sich Menschen und andere Wesen zur heiligen Zelebration an Ritualplätzen im Freien, denn es gab noch keine Gebäude dafür. Man feierte das Leben, dankte den Kräften und bestärkte so die lebendige Einheit.

An solchen Kultstätten, die oftmals an geografisch markanten Orten lagen, beispielsweise die Formationen der „Externsteine" im Teutoburger Wald, kann dir heute noch ein Schauer über den Rücken laufen, weil du spürst, dass eine besondere Energie oder Kraft von dort ausgeht. Ich selbst fühle mich an solchen Orten meist in berührender Weise beschützt und als Seele angenommen, ganz so, wie ich bin. Die Natur bewertet uns nicht und wenn wir uns ihr aufmerksam zuwenden, gibt sie uns das Gefühl, erkannt zu werden in unserem reinen, authentischen Dasein.

*

In einem folgenschweren Paradigmenwechsel haben wir, religionsgeschichtlich gesehen, im Laufe der Zeit Gott in den Himmel verbannt. Der unmittelbare energetische wie seelische Bezug zur schöpferischen Kraftquelle „Gott" ging in (!) uns Menschen verloren und das hatte fatale Auswirkungen, auch auf unsere Beziehungen zu Tieren, Pflanzen und letztlich zu allem Wesenhaften. Gott war nicht länger in(!) unserer

Umwelt, sondern fand in den traditionellen Übermittlungen immer mehr seinen angestammten Platz im „Himmel" – weit entfernt, desinteressiert und despotisch. Von Gott getrennt zu sein – wenn auch nur eine Illusion – war der elementare Bruch mit der großen Einheit der Schöpfung. Der Mensch war fortan in jeder Hinsicht allein.

In der Folge trennte sich der Mensch von allem anderen Leben und begann, darauf in egoistischer Weise zuzugreifen. Die Natur war nicht mehr länger sein Zufluchtsort, seine Verbündete und große „Mutter", sondern Ziel der Eroberung, Ausbeutung und Zerstörung. Und so kam es, dass der gegenseitige Respekt verlorenging, als wären alle Wesen und Geschöpfe **nicht** aufeinander angewiesen – verwoben in einer einzigen lebendigen Matrix. Macht und Kontrolle wurden zu Motoren allen Agierens, Mitgefühl ebenso wie Verantwortung allem Leben gegenüber verschwanden nach und nach. **Wir ersetzten natürliche und bodenständige Spiritualität durch Scheinheiligkeit und Gewalt.**

Wir verstehen diesen absurden Vorgang nur, indem wir die historisch resultierende Lieblosigkeit über einen langen und grausamen Prozess der Trennung begründen – ideologisch und physisch. Und die Stationen auf diesem Weg heißen Armut, Krieg, Eroberung und Geschlechterkampf. Es mag dir weit hergeholt erscheinen, denn die Welt, wie du und ich sie kennen, besteht schon so lange. Wir haben kaum noch eine Vorstellung von der Qualität einer Einheit der Schöpfung. Daher muten Geschichten, die davon handeln, wie Märchen an oder illusionäre Hirngespinste. Der US-amerikanische Science-Fiction-Film „Avatar", der 2009 in die Kinos kam, gibt uns einen solchen Eindruck. Doch was ist, wenn es sich genau umgekehrt verhält: Was wäre, wenn wir von klein auf gelernt hätten, dem Göttlichen in allem real zu begegnen? Wenn wir von Geburt an nicht Angst, sondern tiefes Vertrauen und Ver-

81

antwortung erfahren hätten? Wenn wir uns von jeglicher Gewalt distanziert hätten, statt sie als gottgewollt darzustellen?

Nimm dir kurz Zeit, diese Möglichkeiten auf dich wirken zu lassen. Welche Gefühle entstehen in dir? Wie ginge es dir, wenn Menschen weltweit liebevoll miteinander leben würden?

Fehlende Ganzheit

Und die Fragen sind noch weiter zu stellen: Wie anders hätte sich die Menschheit bis heute entwickelt, wenn Mann und Frau sich als gleichwertig und heilig gefeiert hätten? Wenn Sexualität immer ein **natürlicher** Aspekt in der Alltagskultur gewesen wäre? Die Betonung liegt hier auf der Natürlichkeit, denn Erotik und Sexualität gehören ja tatsächlich zu unserem Alltag, allerdings in zutiefst pervertierter Darstellung. Die meisten Menschen würden, wenn sie ehrlich wären, zugeben, entweder nicht genug Sex oder mindestens doch kein befriedigendes, erfülltes Sexualleben zu haben. Diese Tatsache steht in krassem Gegensatz zu dem, was uns die Medien, insbesondere die Werbung suggerieren. Außerdem ist Sex überall präsent als äußerst uninspirierte Körperschau: Erotik und Sinnlichkeit auf Schmalspurniveau und von Glück und Erfüllung keine Rede.

Es ist nicht leicht, überhaupt Literatur zum glücklichen und zufriedenen Miteinander zu finden und ebenso zum bewussten Umgang mit Sexualität. Für mich selbst sind es vornehmlich tantrische Werke gewesen, die es mir erlaubt haben, die erotische Kraft als lebendige Energie und die sexuelle Vereinigung als heilsamen, Frieden stiftenden Akt der tiefen Hingabe von Mann und Frau zu verstehen. Der **Tantrismus** lehrt die Möglichkeit, über das Vergängliche hinauszuwachsen, das heißt eins zu werden mit den göttlichen Prinzipien, zu denen auch der menschliche Körper gehört.

Tantra mit Sex gleichzusetzen, wäre hier zu simpel gedacht. Die tantrische Praxis ist eine Erleuchtungspraxis, die den Körper mit einbezieht, was für den westlichen, explizit christlichen und Leib-verachtenden Kulturkreis eine überaus ungewöhnliche Perspektive darstellt.

Das tantrische Prinzip heiligt die Körper in ihrer Ganzheit. Sexualität ist weder verwerflich noch „unrein", wie noch die alttestamentarischen Attribute sie auszeichnen, sondern vielmehr eine heilige Quelle im Tempel des menschlichen Körpers. Im „gemeinsamen Körper" können Mann und Frau über die scheinbare Dualität hinauswachsen. Wie das geht? Der tantrische Übungsweg zielt auf die reine Erfahrung der absoluten Einheit im eigenen Körper – also das Wunderbare. Und mit Übung meine ich nicht die „Akrobatik", als die der Westen Tantra importiert hat (wie übrigens auch Yoga).

Wenn sich Mann und Frau wirklich und wahrhaftig einander nähern und sich tief auf sich selbst und aufeinander einlassen, betreten sie den Bereich höchsten Gewahrseins. Sie erfahren, dass sie weit mehr sind als die Summe ihrer Identifikationen. Da gibt es keine Angst, keine Ohnmacht oder Überwältigung – und vor allem keine Gewalt oder Unterdrückung. Der Aspekt des Heiligen hat oberste Priorität.

Innerhalb dieser Erfahrung bekommt auch der Tod einen neuen Stellenwert, weil gemeinsam erahnt werden kann, dass die Sterblichkeit lediglich den Körper betrifft, nicht aber das Bewusstsein. Auf dieser tieferen Erfahrungsebene erleben Mann und Frau ihre ursprüngliche göttliche Ganzheit im energetisch verschmelzenden Miteinander. Die Angst vor dem Tod beginnt sich folglich aufzulösen. Und wer sich vor dem Sterben nicht fürchtet, ist nicht mehr so leicht zu lenken, zu manipulieren und moralisierend zu demütigen. Die sexuelle Erfahrung, seelisch, geistig **und(!)** körperlich eingebunden zu sein in den göttlich-schöpferischen Prozess der Lebendigkeit, heilt nicht nur den Jahrtausende alten „Trennungsschmerz", sondern vor allem die schambehaftete „Sünde", die in der christlichen Auffassung selbst in moderner Zeit noch immer existiert. Die achtsame, bewusste sexuelle Begegnung zwischen Mann und Frau geht weit über die uns bekannte Erfahrung hinaus. Wahre, göttliche Sexualität steht weder auf einem diskriminierenden noch auf einem profanen Niveau, wie wir es meist kennen – Pornographie als Herabwürdigung der Sexualität und Prostitution als Ersatzdienstleistung inklusive. Begierde, Spielchen, Kontrolle und Übergriffigkeiten bilden hier keine Anreize, denn sie bilden nur die unterste Stufe unserer Möglichkeiten. Und doch ahnen die meisten Menschen noch nicht einmal, wie viel mehr zwischen Mann und Frau möglich ist.

Über die spirituelle Tragweite der Sexualität wird in der westlichen Kultur kaum berichtet. An diesem Punkt schließt sich übrigens auch die Tragik an, dass die Liebe gleichgeschlechtlicher Paare nur mit Mühe und unter viel Protest geduldet wird. **Die Trennung und Diskriminierung der Geschlechter reißt gewaltsam etwas auseinander, das ursprünglich zusammengehörte, in göttlicher Einheit verbunden und somit heilig war.** Und doch tragen wir diese Heiligkeit und die Liebe immer in uns. Wir müssen uns dessen nur bewusst werden und dafür entscheiden.

MIT BEIDEN BEINEN AUF DEM BODEN

Lisa ist eine Frau mit Familie und vor allem bodenständig, doch sie verfügt über eine sehr feine Wahrnehmung, die sie zuweilen irritiert. Als sie das erste Mal bei mir zum Coachingtermin erschien, gab sie an, mehr über sich selbst erfahren zu wollen, um diese besondere Fähigkeit besser einschätzen zu können. Sie berichtete, manche Menschen so intensiv spüren zu können, dass sie genau „wisse", wie es ihnen gehe.

Lisa wollte zu Beginn jeder Atemsitzung wissen, wie viel Zeit sie dafür hätte, und jedes Mal öffnete sie bereits kurz vor dem Abschluss von selbst die Augen – unabhängig davon, ob ihre Reise anderthalb Stunden oder nur zwanzig Minuten gedauert hatte. Sie erlebte immer vollständig abgeschlossene Prozesse, unabhängig von der Zeit, die ihr zur Verfügung stand. Noch während jeder Tranceinduktion zu Beginn war sie bereits „unterwegs".

Meistens bekam Lisa auf die Frage, die sie eingangs gestellt hatte, eine klare Antwort. Manchmal schien es nötig, in vorherige Leben zu reisen, um entsprechende Hintergrundinformationen zu ermitteln, die zur Beantwortung ihrer Frage beitragen könnten. Neben ihrem sehr genauen inneren Zeitmanagement verblüffte sie mich auch damit, dass sie nie sonderlich überrascht oder aufgeregt war in Bezug auf das, was sie erfuhr oder entdeckte. Für sie waren die Umstände, so besonders sie im

85

Einzelfall auch sein mochten, meist völlig klar. Mit großer Selbstverständlichkeit hielt sie sich in den entsprechenden transpersonalen Räumen auf.

Lisa hat mir folgenden Bericht für dieses Buch zur Verfügung gestellt, um einmal abzubilden, wie sich ihre Situation für sie selbst darstellte und anfühlte:

„Schon als junges Mädchen konnte ich Dinge wahrnehmen, die meiner Umgebung verborgen blieben. Mein ganzes Leben lang, bis jetzt, dachte ich, mit mir stimmt was nicht. Ich habe auch, um so zu sein wie alle anderen, mein Herz und meine Wahrnehmungen verschlossen. Und doch hatte ich immer das Gefühl, für etwas anderes bestimmt zu sein als das, was ich im Moment tat. Allerdings wollte und konnte ich mich damit nicht sinnvoll auseinandersetzen, da mir der richtige Ansprechpartner dazu fehlte. Jemand, der mehr sähe, als das Auge zuließ, und wüsste, dass es mehr gibt außer Himmel und Erde – nämlich so unglaublich viel dazwischen."

Lisas Atemreisen eröffneten ihr echte Selbstheilungserfahrungen und orientierende Wege, um sich ihrer wahren Bestimmung zu nähern. Sie folgte ihrer eigenen Stimme mit ständig wachsendem Vertrauen und glitt durch die Geschehnisse hindurch mit offenem, wahrnehmendem Herzen, ganz ohne den Verstand aktiv werden zu lassen – Letzteres zählte sie zu den essenziellen Einsichten. Sie entdeckte viele Details, die blinde Erinnerungsflecken in ihrer Vergangenheit betrafen und konnte so den roten Faden aufnehmen, der sich durch ihre bisherigen Leben zog. Jetzt war sie sich auch sicher, tatsächlich noch nicht ihren richtigen Platz gefunden zu haben. Ein innerer Drang sagte ihr immer wieder: „Du bist noch nicht da, wo du sein sollst."

Mir fiel im Übrigen besonders auf, dass Lisa auf ihren inneren Reisen häufig Engeln begegnete und mit dem Thema „Heilung" Verbindung aufnahm. Die Erfahrungen reihten sich in der Nachbesprechung immer so aneinander, dass sie ein ganz klares Bild ergaben. Zwar fehlte ihr immer noch die Richtung ihrer Lebensbestimmung, doch langsam keimte eine Ahnung in ihr auf.

Da Lisa aus einer christlichen Familie kam, ging sie ursprünglich nicht davon aus, schon mehrmals gelebt zu haben. Ihrer festen Überzeugung nach war ihre Seele erst mit ihrer Geburt auf die Welt gekommen. Doch die Dinge, die sie in den Reisen und Trancen sah und wahrnahm, waren so wenig naheliegend, dass sie gleichzeitig ausschloss, all dies aus ihrer Fantasie zu schöpfen. Im Gegenteil, manchmal hatte sie sogar ein schlechtes Gewissen. Letztlich setzten sich die Puzzleteile für sie so zusammen, dass sie davon ausging, in früheren Leben sowohl mit Heilung als auch mit dem christlichen Glauben verbunden gewesen zu sein. Dies lieferte ihr auch eine Erklärung dafür, dass sie schon als Kind viel über das Christentum gewusst hatte, ohne dass es ihr jemand erzählt hätte. Sie hatte es einfach gewusst, und selbst ihre Eltern hatten sich darüber oft gewundert.

Trotz der streckenweise widersprüchlichen Erfahrungsinhalte, die Lisa erst Schritt für Schritt für sich zusammenhängend deuten konnte, fiel es ihr letztendlich leicht, die verschiedenen Welten für sich zusammenzubringen: ihr bodenständiges Leben, ihren christlichen Glauben und die neue Erfahrungswelt ihres erweiterten Bewusstseins. Irgendwann sagte sie erleichtert zu mir: „Meine Seele ist schon viel älter, als ich dachte. Und es begleiten mich Menschen in meinem jetzigen realen

> Dasein, mit denen ich schon andere Leben geteilt habe. So erschließt sich für mich die unfassbar große Vertrautheit zu ihnen, als sie mir zum ersten Mal begegnet sind."

Lisas Bestimmung kristallisierte sich schließlich heraus als „medial unterstützte Arbeit für Menschen", das hieß für sie: mit Hilfe der Engel. Sie konnte nun beginnen, ihren Lebensweg für die Zukunft umzuschreiben. Sie war sich nun sicher, an dem Platz, den sie im realen Leben gewählt hatte, etwas tun zu können, das ihre hochsensitiven Fähigkeiten mit einschloss. Sie konnte die frühkindlich aufgenommenen abwertenden und ablehnenden Glaubenssätze ihrer Eltern in sich löschen: Sie war „nicht verrückt" und stand auch nicht außerhalb der Gesellschaft. Nein, sie war mitten im Leben, hatte direkten Kontakt zu Geschäftsleuten und sehr rational denkenden Menschen. Gerade dort würde sie etwas bewirken können, indem sie ganz auf ihre Intuition und ihr Herz setzte.

Was wir falsch verstanden haben

Der Mensch und „seine" Natur

Die Idee, uns „**die Erde untertan**" zu machen, haben wir bis heute außerordentlich erfolgreich umgesetzt. Die Natur haben wir in Bezug auf ihre Fruchtbarkeit und als Rohstofflieferantin maßlos ausgebeutet und ihren unwirtlicheren Seiten den Krieg erklärt, sie bekämpft und beherrscht und intakte Ökosysteme zerstört. Doch wir haben nicht nur die Natur „erobert", wir haben auch Menschen aus ihren angestammten Territorien vertrieben oder versklavt oder getötet. Überdies haben wir im Zuge der Kolonialisierungen indigene Völker ideologisch überwältigt und ihnen den christlichen Glauben aufgezwungen. Bemerkenswerterweise starben viele Ureinwohner in Eroberungsgebieten aufgrund von Krankheitserregern, die die sogenannten „Abenteurer" mitgebracht hatten. Ihre Immunabwehr war nicht darauf eingestellt.

Stelle dir einmal vor, wie es für dich wäre, wenn plötzlich Fremde in unser Land kämen und uns töteten und vergewaltigten, unsere Heimat zerstörten oder uns als Sklaven verschleppten. Wir müssten sie obendrein als Helden feiern und anerkennen, dass unser Land nun ihr Land genannt würde. Ausgerechnet diese Fremden würden sich für gebildet und kultiviert erklären und unsere lange Tradition und reiche Kultur als minderwertig deklarieren.

Ihrer Wurzeln beraubt, standen große Bevölkerungsgruppen für lange Zeit unter der Befehlsherrschaft von oft auch wechselnden Kolonialherren. Irgendwann wurden ihre Länder wieder unabhängig, doch für das angerichtete Leid blieben die meisten weitgehend unentschädigt. Reparationszahlungen für den Raubbau an Bodenschätzen und Rohstoffen und die zerstörte Natur gab es äußerst selten oder gar nicht. Ebenso Schadensersatz für die ideologische Misshandlung und psychischen Folgeschäden. Was bleibt, sind mancherorts missionarische Einrichtungen mit Schulunterricht. Nicht, dass diese Menschen unterrichtet werden müssten in der Art, wie sie ursprünglich lebten. Es erscheint wohl nur etwas netter, wenn sie beispielsweise Englisch sprechen. Allerdings brauchen sie eine westliche Bildung, wenn sie ihre eigenen Rechte wiedererlangen wollen. Aber bis sie unsere Sprache und unser Recht studiert haben, ist von ihrer Lebenskultur kaum mehr etwas übrig.

*

Die Natur, und damit auch wir, wurde und wird heute mehr denn je unter die Belange der Industrie und Wirtschaft gestellt.

Wir bemerken es allerdings nicht, denn wir haben kein Gefühl dafür, dass es eigentlich selbstverständlich wäre, Trinkwasser und Atemluft vor allem anderen zu schützen, aus dem einfachen Grund, dass wir beides unabdingbar zum Leben brauchen. Wenn man den Einzelnen fragt, wird er oder sie ohne lange zu überlegen behaupten, die Natur zu **lieben**. Wenn wir durch verschneite Wälder laufen, im Frühling den Vögeln lauschen, auf Wanderungen die gute Bergluft genießen oder beim Schwimmen das saubere Wasser eines Sees, tut uns das wohl, daran hegt niemand Zweifel. Und eigentlich lieben wir auch Tiere, nicht nur in der Wildnis, auch im Zoo oder besonders die uns nahen Gefährten, die Haustiere.

In Deutschland wurden laut dem Onlineportal Statista im Jahr 2019 rund 34 Millionen Haustiere gehalten, davon alleine rund 14,7 Millionen Katzen und 11,8 Millionen Hunde. Diese Tiere sind unsere besten Freunde, wir geben ihnen ein Zuhause, gutes Futter und liebkosen sie, aber wir halten sie auch als „Therapeuten" für unser Seelenheil. Doch wir haben ein Problem, uns um unsere Nutztiere ebenso zu sorgen. Im jährlich publizierten „Fleischatlas", einem Kooperationsprojekt der Landesstiftungen der Heinrich-Böll-Stiftung und des Bundes für Umwelt- und Naturschutz Deutschland (BUND), können wir lesen, wie sehr wir unsere Tiere im wortwörtlichen Sinne „lieben". Beispielsweise wurden 2018 in Deutschland rund 771 Millionen Tiere geschlachtet – die meisten von ihnen hatten ein unwürdiges Leben unter widrigsten Umständen verbracht.

Insgesamt werden weltweit pro Jahr etwa 60 Milliarden Tiere geschlachtet. Dabei sind etwa 70 Prozent der Ackerflächen mit Tierfutter belegt. Ackerflächen, die zum Großteil aus intakten Wäldern und Savannen bestanden. Es ist naheliegend, dass wir keine genmanipulierte Nahrung brauchen oder die armen Länder nicht dazu überreden sollten, zukünftig Insekten zu essen. Es gibt mehr als genug Anbauflächen für gutes Essen – und bei weniger Fleischkonsum auch genügend Fläche für eine humanere Tierhaltung. „Artgerecht", wie manche Bio-Anbieter uns weismachen wollen, ist schon aus Prinzip keine Tierhaltung. Der Umstand, dass Tiere „gehalten" werden, hat nämlich nichts mit „in Freiheit leben" zu tun. Wir könnten es ehrlicherweise „gewissensgerechte Haltung" nennen.

Wenn wir uns **eingestehen**, wie sehr wir die Tiere brauchen, und wenn wir sie demnach als schützenswert einstufen, müssten wir auch darüber anders denken, dass jeden Tag hungernde Kinder sterben. Es ist dann nur folgerichtig, alles Lebendige mit Respekt zu behandeln. Wir können nicht einerseits voller Liebe und Empathie sein und andererseits knallhart und profitorientiert. Im Krimi verjährt niemals ein Mord, doch das tausendfache Sterben der Kinder ist schon vergessen, wenn die Nachrichten vorbei sind.

*

Die aus Indien stammende Wissenschaftlerin und Umweltaktivistin Vandana Shiva ist eine herausragende Persönlichkeit auf dem Gebiet des Ressourcen-Schutzes. Sie hat zahlreiche Bücher veröffentlicht und gründete 1991 die Organisation „Navdanya", die sich um Konzepte für biologischen Anbau, speziell den Schutz traditioneller Sorten bemüht und Millionen Bauern vor der Abhängigkeit von patentiertem Saatgut oder Hybridsamen bewahrt. Im Ergebnis wird die Bevölkerung mit gesunden Lebensmitteln versorgt und lokale Märkte werden gestärkt. Vandana Shiva wird nicht müde, international zu zeigen, dass eine andere Welt möglich ist, wenn wir nur **wollen**!

Was geschieht, wenn wir uns **nicht klar zu dem bekennen**, was wir sind, nämlich wunderbare, uns selbst liebende und wertschätzende Kreaturen, die mit und nicht gegen die Erde, die uns ernährt, leben wollen und können? Die Trennung von

Mensch und Natur erscheint ebenso wenig sinnvoll wie die Trennung von Fischen und Wasser. So viel steht fest. Dass wir auch bahnbrechende Entdeckungen gemacht haben, ist zweifelsohne anzuerkennen, doch dass wir trotz grandioser Technologien kurz vor unserer eigenen Beerdigung stehen, lässt den fulminanten Sieg über die Natur und das wilde, primitive Leben möglicherweise etwas stiller ausfallen.

Doch das hat sich kaum herumgesprochen. Während die Armut mittlerweile selbst in den reichsten Städten Deutschlands angekommen zu sein scheint, fließen Milliarden in noch schnellere Datenverbindungen bis ins kleinste Dorf. Wenn man sich also schon das letzte Brot teilt, dann doch zumindest, während man per Skype miterleben kann, wie bei dem syrischen Freund die Fassbomben einschlagen. Entertainment ist eben alles.

Wir haben die biblische Aufforderung, uns „die Erde untertan" zu machen (Genesis 1,28), gründlich **missverstanden**! Wir haben es so weit gebracht, dass uns die gute Luft zum Atmen ausgeht und der lebendige Boden unter unseren Füßen fehlt. Das gleicht auch das von selbst einparkende Auto nicht aus. Wir werden mehr und mehr plastiziert, digitalisiert und virtualisiert. Wir werden manipuliert und animiert, bewacht, kontrolliert und psychisch ausgeschlachtet – wie ferngesteuerte Figuren, in passende Kostüme gekleidet. Im Herzen teils leer oder frustriert, kommunizieren wir per Computer, die einst dazu ersonnen wurden, unsere Freiheit zu vergrößern.

Wir haben es geschafft, über die systematische Trennung von allem, was echt und natürlich und kreatürlich ist, die eigene Natur zu vergessen. Stattdessen verwalten wir die Vorstellungen und Restbestände unserer Selbste. Weil in uns drin außer Egostrukturen kaum mehr etwas aktiv ist, machen wir außen alles schön bunt. Und die vielen bunten Lichtlein der animierten Werbebanner in den Discountern und Billiganbietern geben uns möglicherweise ein wenig Geborgenheit, wie einst die kleinen Lichtlein an der Steckdose im Kinderzimmer, die uns signalisieren sollten, dass nicht alles dunkel um uns herum ist.

*

Vermutlich spüren viele Menschen, ob aufgrund von Intelligenz oder auch bloß restinstinktiv, dass irgendetwas nicht stimmt. Wahrscheinlich werden die meisten angetrieben von einer inneren Sehnsucht nach Harmonie, ohne zu wissen, wie sich das eigentlich anfühlt, was das konkret ist und wie es zu erlangen wäre. Gleichzeitig macht sie der Verdacht nervös, sie hätten vielleicht den richtigen Zug verpasst.

Wo sollen wir ansetzen, angesichts all der desaströsen Umstände und Zustände, die wir selbst kreiert haben? Wie kann es uns gelingen, wieder zu spüren, dass alles ganz tief in Ordnung ist? Es kommt mir so vor, als ob wir wie panische Hühner vor der Gefahr herumrennen und gar nicht registrieren, dass wir selbst es sind, die diesen faulen Zauber veranstalten. Wir nehmen uns und unser so konkret gestaltetes Leid so ernst, dass wir über dem Leiden und Lamentieren völlig vergessen, dass wir dieses unmenschliche Theater selbst veranstalten.

Es gibt keine höhere Macht, die uns dazu zwingt!

Es gibt keinen höheren Willen, der das so vorschreibt!

Nichts von all dem, was wir erschaffen haben, „ist einfach so". Es geschieht ausschließlich, weil wir uns jeden Tag selbst ins Gesicht schlagen und uns nach jedem Schlag angstvoll fragen, woher der Schmerz wohl kommen mag. Und weil wir nie auf die Idee kommen, dass wir selbst die Schläger sind, prügeln wir uns eifrig weiter.

Wir haben so viel Mühe aufgebracht, von unserer Zwischenmenschlichkeit loszukommen. Wir haben viel Logik und fragwürdigen Intellekt darauf verwendet, uns von der Natur zu verabschieden. Vielleicht ist es einfach an der Zeit, das zu **erkennen** und uns das fatale Ergebnis einzugestehen? Warum also mit noch mehr Geschwindigkeit in der destruktiven Richtung weiterrennen? Glauben wir immer noch, in einer modernen Welt voller Innovation und Fortschritt zu leben? In unserem ethischen und emotionalen Bewusstsein und in der Fähigkeit zur Empathie haben wir uns nur mäßig weiterentwickelt, um nicht zu sagen, radikal rückentwickelt. Wir haben so viel Neues entdeckt und jeden Tag kommen weitere Errungenschaften hinzu, keine Frage. Allerdings versäumen wir es konsequent, uns selbst zu fragen, **für wen** das alles eigentlich gut ist.

*

Der Mensch wird Stück für Stück auf immer effizientere Art, erst durch Maschinen, dann durch Computer ersetzt. Würden wir uns ebenso wie für Technik auch für energetische und geistige Fähigkeiten und Möglichkeiten des Menschen interessieren, würden wir uns nicht einfach so abservieren lassen. Doch selbst das Wenige, das wir über uns wissen, nutzen und lehren wir nicht, und die kläglichen Überreste mystischer oder spiritueller Technologien werfen wir dem Markt in den Rachen. Wir importieren Tantra als Sex-Katalysator und die präzise Medizin des Ayurveda als Wellness-Oase und Nahrungsergänzung.

Wir führen eine Wissenschaft, die als objektiv gilt und über alle Zweifel erhaben. Es reicht uns schon, wenn irgendwo „wissenschaftlich bewiesen" draufsteht und vergiften uns damit. Viel zu wenig wissen wir über die enge korruptive Verflechtung von Wissenschaft und Wirtschaft. Naturwissenschaft stellt viele Perspektiven von Zusammenhängen zur Ver-

94

fügung, doch es ist unmöglich, etwas als objektiv richtig zu bezeichnen. Warum lernen wir nicht, dass die Erkenntnis-Angebote lediglich Optionen darstellen? Dann gäbe es in unseren Köpfen vielleicht eher den Spielraum für kreative und alternative Denk- und Handlungsansätze. Wir würden aus den ewigen Bewertungen leichter aussteigen können, weil wir nicht in „Richtig" und „Falsch" kategorisieren.

Immer wieder stellen sich als „wahr" bezeichnete Inhalte wenig später als unwahr heraus. Was heute als hundertprozentig bewiesen gilt, ist morgen schon kalter Kaffee: „Tiere haben kein Gefühl" und „Atomenergie ist sicher" sind nur zwei makabre Beispiele. Natur beherrschen, Menschen auslöschen, Wirtschaftswachstum und Wissenschaftslobbyismus lobhudeln – ist das die richtige Antwort auf die Tatsache, dass uns die Erde anvertraut ist?

Wir wählen, was andere bestimmen?

Wenn wir wirklich etwas verändern wollen, hilft es wenig, uns zu ärgern oder die Schuld bei anderen zu suchen. Die Verantwortung für die Änderungsnot liegt ganz bei uns, bei dir und mir. Obwohl ich den Reflex, unangenehme Konsequenzen abzuwälzen, leider manchmal an mir selbst bemerke und ihn aus unzähligen Diskussionen sehr gut kenne, besteht für mich an der Radikalität der Selbstverantwortung kein Zweifel. Um die Richtung entscheidend ändern zu können, muss der aktuelle Standort genau bestimmt werden, das heißt, an einer realistischen wie schmerzlichen Bestandsaufnahme kommen wir nicht vorbei. **Heilung** kann nur über den Weg der Einsichten und Erkenntnisse geschehen, und wenn wir uns unsere brisanten wie kritischen Themen voll bewusstmachen, ist das ein erster Schritt.

Eine solche ehrliche Einschätzung würde wahrscheinlich die schwerwiegendste aller je geleisteten Beichten darstellen: Ja, wir nehmen es aufgrund ganz konkreter Eigeninteressen in Kauf, dass täglich Tausende Menschen verhungern. Es ist uns wichtiger, Kriege mit zahllosen Opfern zu führen, als auf Macht und Kontrolle zu verzichten. Als Deutschland sind wir explizit der weltweit viertgrößte Rüstungsexporteur und damit voll mitverantwortlich für das Morden. Wir quälen jährlich Milliarden Tiere, um möglichst billiges Fleisch essen zu können. Wir vergiften unsere Böden, verpesten unsere Atemluft, leiten kostbares Trinkwasser in sinnloseste Großindustrieanlagen, und weil das alles noch nicht schlimm genug ist, mobben wir Kollegen, die uns nichts getan haben, schreien genervt unsere Kinder an, betrügen unsere Lebenspartner nach Strich und Faden und stecken herzlos unsere betagten Eltern in Pflegeanstalten. Ungefähr so? Habe ich was vergessen? Ach ja, wir haben uns in der selbst gewählten Isolation massiv verlaufen und sind nun zu stolz, uns helfen zu lassen.

Wir wissen also genau, wo wir stehen. Jetzt geht es darum, die Augen nicht zu verschließen vor dem, was wir verbockt haben. Beschäftigen wir uns mit dem, was unsere Zukunft bedroht, erscheinen diese Themen auch bei unseren Vertretern in der Politik. Wir brauchen keine Alternative für Deutschland, wir brauchen Verantwortung für unser Handeln. Und jede und jeder von uns kann im eigenen Bereich damit anfangen:

Wir können mehr und vor allem konkreter, ernsthafter darüber sprechen, innerhalb der Familie, mit Freundinnen und Freunden, mit Kolleginnen und Kollegen. Wir können „auf die Straße gehen" und unseren Anliegen Ausdruck geben. Wir können aber auch ganz praktisch werden, beispielsweise im eigenen Alltag: gebrauchte Waren statt neue kaufen, Ressourcen einsparen, Fahrgemeinschaften bilden oder das Fahrrad nehmen, keine Lebensmittel wegwerfen, auf Plastik weitgehend verzichten und so weiter. Wir können uns Organisationen anschließen oder solche gründen, die sich radikal mit der Armutsproblematik befassen. Oder wir studieren Politik und sitzen dann irgendwann selber am Drücker. Der Einsatz von Geld ist nicht ganz ohne Bedeutung, auch wenn uns Spenden und Investitionen nicht von unserer Verantwortung freikaufen.

Wenn du jetzt das dringende Gefühl hast, mir zu sagen, dafür hättest du weder Zeit noch Nerven, kann ich das gut verstehen. Ich nämlich auch nicht. Trotzdem sind das keine Kriterien, wir müssen anfangen, mit dem gefährlichen Unsinn aufzuhören und dann Schritt für Schritt umsetzen. Es ist wie mit einem Haustier, einem Gemüsegarten oder einem neuen Hobby. Erst kann man sich nicht vorstellen, die nötige Zeit aufzubringen und dann klappt es doch sehr gut. Einen Baum pflanzen, den Nachbarn besser kennenlernen, eine Petition unterzeichnen, eine halbe Stunde hier, eine halbe Stunde da. Das schafft jeder, auch du und ich. Wir bestimmen.

Wenn ich mich ändere, ändert sich die Welt.

Das Prinzip ist simpel, denn was ist die Welt, wenn nicht eine milliardenschwere Ansammlung von Ichs? Doch dafür muss ich hinsehen, nicht wegschauen! Dieses Hinschauen ist eine aktive und bewusste Tätigkeit, sozusagen „innere Arbeit". Wenn diese von vielen geleistet wird, kann das kollektive Bewusstsein umschlagen und die Fahrtrichtung ändert sich gravierend. Es berührt mich immer wieder, wenn ich lese oder erfahre, dass Menschen ihr Leben lang für diese Erde beten. Es gibt Indianerstämme, zu deren täglichen Ritualen solche Gebete gehören. Ob Menschen aus dem Islam, Christen oder Juden, Hinduisten oder Buddhisten, es kommt bei der Wirksamkeit von Gebeten nicht auf die Glaubensrichtung an. Der Dalai Lama sagte einmal während eines Kumbh-Mela-Festes: „Zuerst müssen wir innen abrüsten, dann außen."

TEIL II – LÖSUNG UND NEUORIENTIERUNG

Denken ist reine Gewohnheit

Wenn ich morgens, manchmal noch verschlafen, aus dem Haus gehe und feststelle, dass ich meine Hose, die Schuhe und auch meinen Pullover richtig herum trage, dann bin ich froh, meinen Verstand genutzt zu haben. Dasselbe gilt, wenn ich mir trotz lautem Getümmel am Bahnhof das richtige Ticket kaufe. Mein Verstand ist für mich eine wirklich große Gabe. Er befähigt mich, logische Schlüsse zu ziehen, kann mir in kreativen Projekten entscheidende Impulse geben und mir bei ihrer praktischen Umsetzung helfen.

Der Verstand ist ein wahres Lernwunder! Er nimmt, ohne dass wir uns darum bemühen müssten, Informationen auf, die er dann sinnvoll verknüpft und in der Erinnerung speichert. Dann lernt er weiter, weiter und weiter, sodass er in der Lage ist, komplexe Inhalte zu erfassen und ungeheuerlich anspruchsvolle Aufgaben zu lösen. Der Verstand – das sind unzählige verarbeitete Gedanken und gewonnene Eindrücke, die extrem entwicklungsfähig sind.

Allerdings gebrauchen wir unseren Verstand nicht allzu oft wirklich bewusst. Die meisten mentalen Vorgänge vollziehen sich automatisch und leider lassen wir uns gewohnheitsmäßig davon beeinflussen, natürlich auch das unbewusst. Besonders die beunruhigenden Gedanken lenken und leiten uns ständig, was wir höchstens daran merken, dass wir uns schlecht fühlen, beispielsweise ängstlich, besorgt, verärgert und so weiter. Was wir genervt und hilflos Grübeln nennen, sind destruktive Denkvorgänge, also Gedanken, die bis zur Absurdität wiederholt und gewälzt werden, sodass wir sie kaum mehr von der Realität unterscheiden können. In unseren Gedanken ist das, was wir befürchten, immer schon da, und scheinbar können wir diese **mentale Dynamik** nicht steuern. So werden wir zu unfreiwilligen „Zuhörern" dessen, was uns unser Verstand „erzählt".

Gekoppelt an diese Gedankeninhalte sind unsere **Emotionen**, das heißt durch Gewohnheit entstandene Egomuster, die unsere optionale Fähigkeit, **frei** zu denken, ständig blockieren. Sie überkommen uns ebenso überraschend wie unsere Gedanken und es ist ziemlich schwer, das eine vom anderen zu unterscheiden: Was denke ich? Was fühle ich? Für den Ungeübten scheint alles eine vermischte Masse zu sein.

Die Kombination aus sich ständig wiederholenden Gedankenmustern und damit verbundenen Emotionen täuscht uns eine Art **Realität** vor, daher identifizieren wir uns mit ihnen. Wir vergessen sozusagen, dass es nur Gedankenmuster und Emotionen sind und verwechseln sie mit der Wirklichkeit. Doch man kann sie leichter erkennen, als anzunehmen wäre: Unbewusstes Denken und Fühlen spielt inhaltlich (also szenisch verknüpft) immer entweder in der Vergangenheit oder in der Zukunft. Es findet also definitiv nicht im **Jetzt** statt.

Das Abtauchen und Sich-Verlieren im allgegenwärtigen Strom der Gedanken und Emotionen ist für die meisten Menschen ein ganz normaler Modus. (Über Normalität haben wir ja schon gesprochen, daher sollten wir spätestens hier hellhörig werden.) Gedanken und Emotionen sind brillante Spieler, die sich hervorragend darauf verstehen, uns in Schach zu halten. Aber sie sind selten unsere Freunde, denn auf sie ist nie Verlass. Sie sind Energien, die wir ständig selbst erschaffen bzw. deren eigendynamische Vervielfältigung und Wiederholung sich ununterbrochen fortsetzt – wie sich im Wind drehende Mühlen. Unsere Gedankenmühle „lebt" sozusagen von unserer **Aufmerksamkeit** und schenkt uns im Gegenzug Illusionen und Täuschungen am laufenden Band.

Permanentes Denken ist eine Gewohnheit. Doch das fällt uns kaum auf, weil wir nicht wach genug sind, um es wahrzunehmen. Stelle es dir so vor: **Wir werden eher unbewusst gedacht und gefühlt, als dass wir selbst bewusst denken und fühlen.** Hinzu kommt, dass wir als Gesellschaft im Zuge der Aufklärung dem Denken einen immer höheren Stellenwert eingeräumt haben. Wir sprechen dann von Intelligenz oder Ratio und vielleicht auch von Vernunft, doch wir beherrschen weder die klare Unterscheidung dieser Phänomene noch deren tatsächlichen Funktionen. Gerade in Verbindung mit „höherer Bildung" gibt es hier viele Missverständnisse.

Um auf mein Ausgangsbeispiel zurückzukommen: Im Alltag ist das verstandesmäßige Denken wertvoll und nützlich, doch in der Verselbstständigung der Egostrukturen führt es zu großen Problemen, weil es unsere Selbstwahrnehmung außer Kraft setzt. Wir sehen die Dinge nicht mehr so, wie sie sind, sondern denken „über sie" bewertend und planen somit auch „über" das reale Dasein hinweg. Außerdem halten uns Gedankenspiralen in der Vergangenheit (Erfahrungen) und in der Zukunft (Ängste) fest. Wir sind buchstäblich nicht mehr gegenwärtig.

Ein Beispiel: Angenommen, du ärgerst dich über etwas. Dann ärgerst du dich nicht nur in der entsprechenden, Ärger auslösenden Situation, sondern auch noch lange danach. Die Situation spult sich wie ein schlechter Kinofilm unzählige Male in dir ab und deine Gedanken projizieren damit verknüpfte Ängste in die Zukunft, sie spielen also Filme, die noch gar nicht gedreht wurden. Du steigst darauf ein, wie unter akutem Gedächtnisverlust leidend und unfähig zu merken, dass all das, was sich in dir abspielt, gerade gar nicht real geschieht. Es ist nur in deinem Kopf. Dann lenkt dich dein Verstand mit etwas anderem ab, vielleicht mit der Planung des morgigen Tages: „Was muss ich noch einkaufen?" oder „Was sage ich am besten bei dem anstehenden Meeting?". Sobald du eine Planungspause einlegst, kommt der Ärger wieder zurück und du steigst erneut darauf ein, als wäre es das erste Mal. So geht es immer weiter, manchmal Stunden, manchmal Tage oder sogar Wochen. Schließlich beklagst du dich über diese raue Welt, in der du lebst, denn schließlich verbringst du die meiste Zeit mit Leiden.

Seltsamerweise wundern wir uns weniger über unsere Gedanken, die zu unserem Leiden erst führen, als über die Zustände, die wir aus diesem leidenden Modus heraus manifestieren: Rache, Misstrauen, Intrigen, um nur einige Reaktionen zu nennen. Wir sind sozusagen auf Leiden „geeicht" und schaffen demzufolge weiteres Leiden. Erst wenn wir beginnen, die **innere** (mentale) **Ursache** für das, was im Außen geschieht, zu erforschen, legen wir eine einsichtsvolle Basis für mehr Freiheit und Glücklich-Sein. Und das Lösen dieser Ursache beginnt damit, tiefer zu verstehen, was in unserem Verstand geschieht.

Woraus besteht der Verstand?

Unser Verstand, das heißt unsere Gedanken und in der Folge auch unsere Emotionen, beinhaltet im persönlichen Kontext eines Menschen all das, was er oder sie im Leben erfahren hat. Da gibt es sehr schöne und weniger schöne Erfahrungen. Wie am Anfang des Buches bereits erwähnt, beginnt unser Körperleben im Mutterleib, wenn wir mit unserer Mutter direkt über die Nabelschnur verbunden sind. Es ist erstaunlich und zugleich auch nachvollziehbar, wie wir in diesen Monaten das Leben unserer Mutter unmittelbar „miterleben". Wir erfahren, wie sie zu sich selbst steht und welche Ängste und Befürchtungen sie begleiten. Wir erfahren, was sie gerne mag oder auch nicht, was sie gern oder ungern tut und wer und was ihr guttut bzw. das Gegenteil davon. Ebenso bekommen wir sehr genau mit, wie sie sich zu ihrer Umwelt und die Umwelt sich zu ihr verhält. Wie sehr ist sie mit unserem Vater verbunden? Welche Stimmung ist da, wenn er in ihrer und damit auch in unserer Nähe ist?

So erleben wir schon sehr viel und das meist intensiv, bevor wir körperlich im Außen ankommen. Dann nehmen wir die ersten selbstständigen Atemzüge in einem völlig neuen Lebensumfeld. Die Reise nach draußen war dramatisch und ungewiss, doch nun geht es los im neuen Leben. Unser Körper entwickelt sich rasant und wir nehmen ungefiltert alles auf, was zu uns durchdringt. Im Laufe der Jahre gibt es Schönes und auch Traumatisierendes. Gefühle und Emotionen[7] werden ebenso wie Meinungen in uns gebildet, aber wir lernen als Kinder meist nicht, wie wir unsere Gedanken und Gefühle **beobachten** können – also auch nicht, dass es noch sehr viel mehr gibt als das Ausgeliefertsein. Einfach deshalb, weil unsere Eltern selbst wenig oder gar nichts darüber wissen, was sie uns in diesem Zusammenhang vermitteln könnten.

So kommt es, dass schöne wie auch schmerzhafte Erlebnisse in unserem Unterbewusstsein „gespeichert" werden. Außerdem entwickeln wir aus unserem Erleben **Glaubenssätze**, sozusagen vermeintliche Gewissheiten, die emotional aufgeladen sind. Unsere Erinnerungen enthalten demnach nicht nur unzählige damit verknüpfte Gedankenströme, sondern auch Emotionen, wie Freude, Angst, Wut, Ärger oder Neid. Das bedeutet für die Zukunft, dass unsere Gedanken nicht alleine kommen, sie bringen noch jede Menge Verknüpfungen und Emotionen mit.

Wenn frühkindliche Ereignisse sehr überraschend, traumatisierend oder schockierend waren, so kann es sein, dass damit

---

[7] Emotionen (Affekte mit zumeist physischer Veränderung, bspw. Muskulatur, Herzschlag, Atmung usw.) werden von Gefühlen (Fühlen inkl. psychische Erfahrungen) unterschieden. (Siehe: Wikipedia)

in Bezug stehende Gedanken sehr viel schneller als andere von unserem Bewusstsein Besitz ergreifen und mit ihnen alle damit verbundenen belastenden Emotionen. Ein Beispiel: Stelle dir vor, du hättest als Kind wiederholt schmerzvoll erfahren, dass deine Anwesenheit weder geschätzt noch erwünscht war. Du wurdest zum Beispiel verbal beschimpft oder körperlich gedemütigt. Dann werden in bestimmten stimulierenden Situationen (bis in dein jetziges Erwachsenenleben hinein) deine „antrainierten" Gedanken mit den damit verbundenen Emotionen **aktiviert**. Möglicherweise hat sich heute eine Freundin, obwohl sie es versprochen hat, nicht bei dir gemeldet, oder ein guter Freund hat es versäumt, dich zu seinem Geburtstag einzuladen. Du wirst vermutlich nichts Gutes annehmen oder vertrauensvoll gelassen bleiben, sondern dein altes Trauma, deine tiefe Enttäuschung, wird sich in Form vorverurteilender Gedanken und negativer Absichts-Unterstellungen und vielleicht mit einem Gefühl der Isoliertheit bei dir einstellen: „Jetzt ruft sie mich nicht einmal mehr an, selbst wenn ich sie ausdrücklich darum bitte! Wahrscheinlich bin ich ihr sowieso egal." – „Was soll's, warum sollte er mich auch einladen, was bin ich schon wert? Aber das werde ich ihm nie verzeihen!"

An dieser Stelle könnte ich unzählige, in ihrer Brisanz endlos variierende Beispiele aufzeigen, je nach Grad und Art der früheren Verletzung und den eigenen reaktiven Möglichkeiten, die sich aufgrund des frühen Erlebens ausgebildet haben. Manche Gedanken sind wie Hunde, die zunächst in der Ferne spielen und dann plötzlich mit Lichtgeschwindigkeit auf uns zuspringen. Der damalige Schmerz, das Entsetzen und all die Angst sind augenblicklich wieder da – und auch die reflexartigen Abwehrmechanismen. Während wir mit dem Hunderudel kämpfen, bemerken wir gar nicht, dass dies alles nichts mit dem zu tun hat, was wirklich gerade geschieht. Das Verwirrende daran ist, dass es uns so **real** vorkommt, und das wiederum liegt daran, dass die Emotionen, die mit den Gedanken (Egostrukturen) einhergehen, uns im aktuellen Moment tatsächlich beeinflussen, obwohl sie gar nicht aus dem Jetzt stammen.

Probiere es einmal aus: Genau dann, wenn du daran denkst, wie dich irgendwann einmal jemand ungerecht behandelt hat, taucht Wut in dir auf. Richtig? Diese Wut empfindest du ganz **PERSÖNLICH** und nebenher traben noch andere emotionale Ladungen, wie beispielsweise verletzter Stolz oder ein Gefühl der Ohnmacht. Dabei sind deine Probegedanken gerade in diesem Moment bloße Archivaufnahmen – und diese fließen sogar nahtlos zusammen mit diversen ähnlichen Situationen und Personen, sodass du den Eindruck hast, dass dir das ständig passiert, wie bei einem Film, dessen einzelne Drehsequenzen gut zusammengeschnitten sind. Eigentlich könnte man meinen: „Weißt du, was meine Gedanken und mein Verstand heute wieder für eine Show abgeliefert haben?"

Höchst persönliches Theater

Wenn wir glücklich sein wollen, müssen wir den Weg der Verbindungen – von innen nach außen – gehen, das heißt, um bei der Empfehlung des Dalai Lama zu bleiben, „innerlich abrüsten". Doch wie können wir das bewerkstelligen?

Wir beginnen damit, das zu beobachten, was wir unsere **PERSÖNLICHKEIT** nennen, oder anders ausgedrückt, wir untersuchen die Anteile unserer Existenz, die das Leben „**PERSÖNLICH**" nehmen. Wenn wir uns beobachten, bemerken wir, dass es Rollen gibt, die sehr dramatisch sind. Diese Rollen spielen fast immer schon ziemlich lange in unserem **PERSÖNLICHEN** Theater, denn sie wurden meist durch frühe Verletzungen auf unsere innere Bühne gerufen. Wir brauchen also zunächst Geduld und eine liebevolle Einstellung gegenüber unseren Theaterrollen, schließlich haben wir sie schon Jahrzehnte unter Vertrag. Um ihnen friedlich zu kündigen, müssen wir zuerst ihre „Leistungen" anerkennen, denn im Sinne der Dramatik haben sie sich wacker geschlagen.

Wenn wir eine bestimmte Rolle (Egostruktur) durch etwas mehr Bewusstheit ersetzen wollen, ist es keine gute Idee, mit einer neuen Egostruktur zu beginnen. Der Gedanke „Dieses Ego darf ich nicht haben!" wäre zum Beispiel eine solche. Wenn wir unseren Mustern begegnen, ist es besser, sie wie alte Bekannte hinauszubegleiten und über sie zu schmunzeln, anstatt uns über sie zu ärgern.

*

Das Verrückte ist, wenn wir anfangen, bewusst über unsere Egostrukturen zu sprechen, stellen wir fest, dass es anderen Menschen genauso geht wie uns. Die **PERSÖNLICHEN** Theaterrollen erweisen sich zum Glück als nicht exklusiv, denn viele andere „schlagen" sich auch damit herum. Die meisten unserer Mitmenschen machen ganz ähnliche Erfahrungen wie wir selbst, daher können uns offene Gespräche darüber helfen, immer öfter die Beobachter-Position einzunehmen. Die Themen, die uns so sehr bewegen, bewegen auch ganz viele andere um uns herum. Das **PERSÖNLICHE** an diesen Themen ist lediglich der lineare Zeitpunkt, an dem wir dieses oder jenes erlebt haben oder erleben. Die Themen selbst, die Probleme, wie wir sie nennen, sind dagegen überhaupt nicht **PERSÖNLICH**.

Wenn wir unsere Identifikationen mit dem Verhalten anderer Menschen beobachten, bemerken wir, dass die Dinge (an anderen), die unsere eigenen Egos aktiv werden lassen, meistens etwas mit unseren eigenen Strukturen zu tun haben. Das, was uns an anderen Menschen stört, ist ein Teil unserer eigenen Egostruktur. Und wenn wir ehrlicher – transparenter – miteinander werden, verlieren diese Strukturen an Macht. Warum ist das so? Weil wir dann automatisch mehr Solidarität als Kontroverse empfinden.

Eine neue Art der Selbstverantwortung beginnt in uns zu keimen, wenn wir nicht länger gewillt sind, in Schuld und Unschuld, in Opfer- oder Täterrollen zu denken und diesem Feind-Muster entsprechend zu handeln. Wir erkennen, dass wir uns nicht verstecken müssen, um vermeintlich besser dazustehen, auch dann nicht, wenn wir es gewohnt sind, uns äußerlich wie innerlich zu verstellen, um einem **Image** zu entsprechen. Uns „nur" als den oder die zu beobachten, der oder die wir sind, ist viel befriedigender. Uns selbst zu befragen, um herauszufinden, „wer" das in uns ist, der Angst hat, wütend ist oder dieses und jenes will, bringt uns uns selbst näher.

*

Mit der Selbst-Beobachtung und der Selbst-Befragung beginnt unser eigenes Theater überschaubarer zu werden. Wurden wir noch vor einiger Zeit von unzähligen, sich ständig wiederholenden Rollen komplett abgelenkt, wird unser **PERSÖNLICHES** Dramaensemble kleiner und kleiner und die Einblicke in das, was im Augenblick tatsächlich geschieht, größer und größer. Die Situationen, in denen wir uns unseren Emotionen ausgeliefert fühlen, kommen seltener vor und sind vor allem von kürzerer Dauer. Der Prozess ähnelt dem Gefühl, langsam **aufzuwachen**. Unsere Gedanken und Emotionen kommen uns immer mehr vor wie wirre Träume, die wir allmählich abschütteln.

Das ultimative Jetzt

Bewusstsein bedeutet, den Augenblick zu gewahren, mit allem, was dieser Augenblick zu bieten hat. Doch genau das ist nicht so leicht: Gedanken rasen durch den Kopf und machen uns verlockende Angebote, damit wir uns mit ihnen identifizieren. Wir haben aber die Möglichkeit, sie lediglich zur Kenntnis zu nehmen, hier und da über ihren Einfallsreichtum zu schmunzeln und **nicht zu reagieren**. Während wir sie beobachten, werden sie weniger. Es scheint so, als ob sie das nicht mögen und sich zunächst einmal zurückziehen.

Es kann sein, dass sich dieser Rückzug in Unwohlgefühlen oder anderen Körperwahrnehmungen zeigt, die uns meistens schnell wieder vom Augenblick ablenken: „Irgendwie habe ich so ein Ziehen im Nacken …, eigentlich bräuchte ich wohl mal eine Massage … und was trinken sollte ich auch mal wieder …, abgesehen davon habe ich Hunger … ." Wahrzunehmen, dass es im Nacken zieht, dass man Durst oder Hunger hat, ist sicherlich gesund. Das, was wir dann aber daraus machen – weiterführende und ablenkende Gedanken und Emotionen –, lässt uns meist nicht mehr im Augenblick verweilen. Vom Nacken … zur Massage … zum Trinken … zum Essen – das ist nur der Anfang einer langwierigen Gedankenspirale. Auf dem Weg in die Küche fallen uns noch ganz andere Dinge ein, die ihrerseits wieder eine Flut von neuen Gedanken erzeugen.

Wegen dieser mentalen Dynamik ist es sehr wichtig, immer wieder bewusst mentale Pausen einzulegen, das heißt bewusst wahrzunehmen, was im Hier und Jetzt gerade stattfindet. Dem Jetzt-Raum, wie ich diese Pausen nenne, für eine gewisse Zeit unsere ganze Aufmerksamkeit zu widmen, hilft uns, die Gegenwärtigkeit immer weiter auszudehnen. Und das gelingt, unabhängig davon, wo und in welcher Verfassung wir sind, ganz einfach und mit etwas Übung auch immer rascher. (Du findest entsprechende Übungen im dritten Teil dieses Buches.)

Wenn wir uns mit dem **Jetzt** beschäftigen, stellen wir fest, dass es weit über die gewohnt lineare Vorstellung eines flüchtigen Augenblickes hinausreicht. Das Jetzt wächst zu einem Jetzt-Raum heran, der sich mehrdimensional erfahren lässt – vorausgesetzt, wir lassen uns darauf ein. Im Gegensatz dazu lässt uns unsere lineare Idee von Wahrnehmung meist über eine bereits gelebte Vergangenheit nachdenken oder über eine noch nicht gelebte Zukunft spekulieren. Beides findet genau genommen aber nicht statt, zumindest nicht „jetzt".

Ändern wir unsere Perspektive und lernen wir die Wahrnehmung dessen, was wirklich „jetzt" ist, gewinnen wir zwei wesentliche Einsichten: Einmal erkennen wir, warum es bisher so gelaufen ist, wie es gelaufen ist. Wir erhöhen also unser Verständnis von uns selbst. Und dann erahnen bzw. nachvollziehen wir, wie wir in die bewusste Verbindung mit uns selbst und allem, was ist, gelangen können. Dabei stellen wir möglicherweise fest, dass es einen **unverwundeten** Teil in uns gibt, der das schon immer wusste und auch jetzt noch weiß. Ja, mehr noch, es scheint, als hätte dieser Teil gerade darauf gewartet, von uns erkannt zu werden. Wir gewahren, dass es unser sogenanntes **PERSÖNLICHES** „Ich" als eigenständige Existenz gar nicht gibt. Dieses vermeintliche „Ich" besteht vielmehr aus Verstandes- und Ego-Identifikationen und tradierten (von außen übernommenen) Inhalten.

*

Folgen wir der tiefen Sehnsucht nach Verbundenheit, werden wir erfahren, dass wir immer mit allem verbunden und auch ein Teil von allem sind. Trennung, Leid, Macht, Strafe, Kontrolle und so weiter sind bloße Erfindungen des Egos und unserer Scheinidentität. Die scheinbar „normale" Realität ist eine Einbildung, eine Art geschöpfter Raum, der in der Wirklichkeit gar nicht stattfindet. Nicht **Spiritualität** ist ein exquisiter Raum, sondern das, was wir gemeinhin Leben nennen. Spiritualität, oder anders gesagt, das bewusste **Sein**, ist immer da, überall, wo das gegenwärtige **Jetzt** ist.

Es scheint so, als ob wir unsere bewusste Existenz nicht kennen, weil wir angefangen haben, die ständige Reflexion über die Vergangenheit und die Zukunft mit dem Jetzt zu verwechseln. Das Jetzt urteilt und wertet nicht, weil es **ist**. Alle Wertungen und Urteile finden nur über die gespeicherten Daten in unserem Verstand statt.

Es gibt wunderbare Möglichkeiten, um dem Jetzt näher zu kommen, wie Verbindungsarbeit, Yoga, Meditation, Laufen, Klettern, Malen, was auch immer dich ins Gewahrsein bringt. Das Jetzt ist kein ferner Zustand, den es zu erreichen gilt, sondern die Basis all dessen, was geschieht. Diese Aufzählungen sind Möglichkeiten, aber keine Voraussetzung. Denn letztlich geht es schlicht darum:

Gedanken aus – Bewusstsein an!

Positionen der Ratio

Wie können wir im Alltag überleben, wenn wir nicht denken? Ohne Denken, so meinen viele und ich selbst ging lange Zeit auch davon aus, sind wir nicht überlebensfähig. Aber nicht zu denken heißt nicht, bei Rot völlig selbstvergessen über die Straße zu schlendern und vom nächstbesten Laster überrollt zu werden. Und es heißt auch nicht, im Meeting immer noch debil zu lächeln, wenn es um die eigene Entlassung geht, natürlich aufgrund mentaler Unfähigkeit. Trotzdem erlebe ich es immer wieder, dass Coaches oder Seminarteilnehmer*innen sich unter Nicht-Denken nur eines vorstellen können, nämlich das reine Chaos in der Alltagsrealität. Eine Stunde Denkpause schön und gut, aber auf Dauer!?

An dieser Stelle möchte ich versichern, dass es nicht der Langsamkeit früherer Fortbewegungsmittel zu verdanken ist, dass Buddha und Jesus nicht vom Laster überfahren wurden. Vielmehr verhält es sich so, dass der Jetzt-Raum, in dem wir nicht denken, eine weitaus höhere **Präsenz** bereithält, als wir auch nur erahnen. Sicherlich kennst du selbst Situationen, die sehr gefährlich sind und in denen keine Sekunde zum Denken bleibt. Was geschieht? Wir handeln spontan **intuitiv** bzw. instinktiv.

Bleiben wir noch einmal beim Verkehr: Stelle dir vor, du fährst mit sehr hoher Geschwindigkeit auf der Autobahn und plötzlich schert direkt vor dir ein LKW aus und zieht auf deine Spur. Während des Bruchteils einer Sekunde lenkst du deinen Wagen nach rechts rüber und vermeidest so den naheliegenden Auffahrunfall. Du weißt eigentlich nicht, wie du es geschafft hast, „vorher" sogar noch im Seitenspiegel zu checken, dass niemand hinter dir ist. Hättest du in dieser „zeitlosen" Situation lange nachgedacht, was zu tun sei oder wie unverschämt du den LKW-Fahrer findest („Was erlaubt der sich? Einfach so, ohne zu blinken!"), wärst du jetzt vielleicht schwer verletzt oder tot. Dabei ist die Zeit noch nicht mitgerechnet, die du gebraucht hättest, um gedanklich abzuwägen, ob es unter diesen Umständen sinnvoll wäre, eine Vollbremsung einzuleiten.

Diese Situation kann man als Grenz- oder Ausnahmesituation beschreiben, oder auch als „Da-muss-man-Glück-haben"-Situation. Klar zu erkennen ist, dass es unserem so oft vom Denken überlasteten Bewusstsein offensichtlich möglich ist, Lösungen herbeizuführen oder Entscheidungen zu treffen, ohne nach- oder vorzudenken. Die Frage ist, ob wir ohne Denken auch handlungsfähig bleiben, wenn wir gerade nicht in Lebensgefahr schweben. Ich möchte es einmal so beantworten: Wir bringen unser Denken generell mehr auf den Jetzt-Stand, ohne all die Wiederholungen und Zukunftsprognosen. Dann sind unsere Denkfunktionen ausgerichtet auf Informationen, die im Augenblick stattfinden – nicht gestern und nicht morgen. Es „denkt" also brandaktuell.

Wir landen also keineswegs in einem dissoziierten Zustand ohne Form und Kontrolle, ohne Sinn und Verstand. Es ist aber nur zu verständlich, dass unsere Egos solche Befürchtungen hegen, denn ihre Strategien beruhen ja auf Kontrolle und Suggestion. Die Wirksamkeit unserer Egostrukturen lässt massiv nach, sobald wir uns der komplexen mentalen Verstrickung entziehen. Die überwiegende Beschäftigung mit Inhalten, die gar nicht real, sondern fiktiv sind, nimmt sukzessive ab – wie bei einem Entzug. Noch einmal: Denken ist reine Gewohnheit! Wenn wir vorrangig die Gedanken unterstützen, die sich auf das Jetzt beziehen, entwickeln wir allmählich eine neue Gewohnheit.

Das Schöne daran ist, dass die Wahrnehmung dessen, was ganz real und echt gerade in diesem Moment stattfindet, immer deutlicher, intensiver und auch **kontinuierlicher** wird. Stelle es dir so vor: Du siehst das tolle Leben nicht mehr im Fernsehen, sondern führst es jeden Abend selbst. Anstelle der Party im Film hast du selber Gäste und Spaß!

*

Das, was für unser Denken gilt, gilt auch für den Umgang mit Zeit. Wir sind normalerweise ständig an unsere **PERSÖNLICHE** Idee von Zeit gefesselt und das bedeutet meistens, für das eine zu spät und für das andere zu früh dran zu sein. Wir leben nicht vollständig im Jetzt, weil wir uns immer erst in Verbindung mit Zukünftigem „ankommen" sehen. Unsere

Wirklichkeit besteht nur aus temporären Fragmenten, die wir mehr oder weniger organisieren und verwalten, statt sie zu genießen und zu erleben.

Außerdem hängt uns die Fixierung auf das (bessere) Morgen wie die Möhre vor der Nase. Wir rennen hinterher, aber kriegen sie nie zu fassen: Wenn ich im Kindergarten bin, dann will ich unbedingt in die Schule, bin ich in der Schule, denke ich schon über meine Berufswünsche nach und sobald ich meine Ausbildung beginne oder mein Studium – damit ich etwas werde! –, plane ich schon meine Karriere. Auf einer anderen Spur renne ich ebenfalls ständig in der Zeit nach vorne, also weg aus der Gegenwart. Ich plane das nächste freie Wochenende, den Grillabend zum Geburtstag in drei Wochen, den Urlaub in zwei Monaten, buche Plätze für das Weihnachtskonzert in einem Jahr.

Aber nicht nur das ständige Vorausspringen in der Zeit ist problematisch, auch die Zerteilung des Lebens in tausend Einzelangelegenheiten: Ich verbringe Zeit mit meiner Partnerin, eine andere Zeit mit den Kindern, eine weitere Zeit mit Freunden, Kollegen, Haushalt, Sport und Rasenmähen. Es gibt mich in einer Geschäftsausführung und es gibt mich in einer Privatausführung. Es gibt mich in ausgelassener Feierstimmung, aber auch im ernsten Arbeitsmodus, im Powerprogramm und ganz wellness-relaxed.

Schließlich trete ich meine wohlverdiente Rente an, um mich dann wahrscheinlich zügig in ein Altersheim zu begeben. Das erinnert mich an das subtilste Beispiel solcher zeitlich-fragmentarischen Abfolgen: die monatliche Zahlung der Rentenbeiträge. Jahrzehntelang richten wir unbewusst einen Teil unserer Energie auf eine absolut ferne Zukunft, in der wir nicht mehr berufstätig sein werden. Das ist natürlich nicht falsch, aber es macht das energetische Prinzip von Aufmerksamkeit sehr deutlich. Und was wir nie vergessen dürfen, ist, dass sich jeder Moment unseres Lebens zu hundert Prozent **jetzt** abspielt. Es besteht ständig der „Allmoment" – das Wort Alltag können wir also abschaffen – und wenn es uns gelingt, diesen Moment kontinuierlicher wahrzunehmen, wird er sich ausdehnen, über die Zeitsekunden hinaus, denn er besteht ja immer: jetzt und jetzt und jetzt und jetzt auch …

Je mehr wir uns trauen, unsere fixen Vorstellungen von Zeit loszulassen, desto weiter dehnt sich unser Bewusstsein darin aus.

Von innen nach außen

Wir kennen das doch alle: Kaum sind wir einmal länger im Urlaub, geht es uns gut. Vielleicht sind wir in wunderbarer Natur, vielleicht beschäftigen wir uns mit den Dingen, die wir wirklich mögen, oder wir haben endlich mal wieder richtig viel Zeit für die Menschen, die wir lieben. Es scheint, als würde der „normale Alltag" immer mehr von uns abfallen. Jetzt gelten einmal nicht die strengen Regeln unseres harten Lebens. Für ein paar Tage oder Wochen sind wir frei, inspiriert und „tanken auf". Wir spüren uns selbst wieder, haben endlich mal gute Laune und sind kreativ. Wir entdecken, wie unglaublich toll das Leben doch eigentlich ist!

Und dann geht der Trott wieder los und der Erholungswert aus dem Urlaub hält, wie die Sonnenbräune, nicht allzu lange an. Die Miniversion dieses Vorgangs sind unsere Wochenenden: Wir laden Freunde ein, widmen uns dem Rosengarten, lesen ein Buch oder besuchen einen Töpferkurs. Bleiben wir bei Letzterem: Wir treffen auf neue Menschen und bringen neue Ideen mit nach Hause. Meistens bleiben die Inspirationen samt Begeisterung für eine gewisse Zeit frisch, dann verblassen sie wieder. Schon am nächsten Dienstag hat uns der stupide Alltag wieder eingeholt.

*

Wenn die Inseln der Entspannung, der neuen Ideen, wieder in die Ferne gerückt sind, erinnern wir uns vielleicht wehmütig daran, wie schön das war. Wie wäre es, wenn wir einen Weg fänden, Alltag und Inseln nicht getrennt voneinander zu erleben? Wenn diese Inseln nicht „verloren gingen", um dann nur noch als Fata Morgana oder als Erinnerung in unserer sogenannten Realität aufzutauchen? Diesen Weg gibt es tatsächlich und wir müssen keine Extremsportler sein, um ihn zu meistern.

Zunächst wird uns dieser Weg vorkommen wie eine Parallelspur, sozusagen als Zusatz zur eigentlichen Realität. Doch in dem Moment, wo wir beginnen, ihn zu gehen, noch unsicher und vorsichtig, fangen wir auch an, zu staunen und von einer intensiven inneren Freude, ja, Glückseligkeit erfasst zu werden. Von ganz tief in uns steigt eine andere Dimension von Wahrnehmungen und Empfindungen auf und alle unsere Sinne sind hoch aktiviert. Nach meiner Erfahrung und den zahllosen Rückmeldungen meiner Klient*innen könnten wir dieses neuartige Erleben auch mit dem Wort **Liebe** zusammenfassen. Und es ist erstaunlich, dass diese Liebe uns viel vertrauter erscheint, als wir annehmen würden. Denn sie ist mit einer in unserem Herzen angelegten Sehnsucht verbunden.

Irgendwann, während wir Schritt für Schritt setzen auf diesem Weg, erkennen wir: Das ist kein Paralleluniversum, keine Vorstellung, es ist die Wirklichkeit. Mehr noch: Wir **sind** dieser Weg! Wir **sind** diese unaussprechliche Freude, **sind** diese tiefste Verbundenheit. Wir **sind** das Zu-Hause-sein-Gefühl, **sind** aufgehoben und beschützt. **Wir sind diese Liebe!**

Die Liebe existiert aus sich selbst heraus, so wie die Schöpfung aus sich selbst heraus schöpferisch ist. Wir sind selbstver-

117

ständlich göttlich, weil es als Wirklichkeit gar nichts anderes gibt. Diese Einsicht erweckt zumeist eine tiefe Dankbarkeit, denn es stellt sich fortan keine quälende Frage nach dem Sinn mehr. Es gibt keinen Sinn und doch ist alles sinnvoll.

Die Wirklichkeit braucht keinen (externen) Sinn, um sich zu erklären, weil es nichts gibt, das sie infrage stellen könnte.

*

Die Seele hat im menschlichen Körper nur ein zeitlich begrenztes Reiseticket, um sich in der Welt der Dualität aufzuhalten. Weil wir diese Begrenztheit körperlich deutlich spüren, glauben wir, die verhältnismäßig kurze Reise in eine ursprünglich paradiesische Umgebung nicht genießen zu können. Wir erleben den Körper nicht selten als sterblichen Witz, der seine Pointe nicht versteht. Und wenn wir dies bemerken, fällt uns auch auf, dass unsere **gewöhnliche** Idee von der Wirklichkeit nicht viel mehr ist als ein etwas trostlos anmutendes C-Movie.

Genau diese schwierige Erfahrung ist jedoch wichtig, weil sie uns anzeigt, dass wir im Begriff sind, das Kino schrittweise zu verlassen. Es ist ein bisschen so, als ob wir aus einer schweren Amnesie erwachen und uns plötzlich erinnern können, wer wir selbst und auch wer die Anderen sind.

Wir verstehen immer besser, dass die Grenzen unseres Bewusstseins durch unsere Vorstellungen abgesteckt sind, durch unsere Gedanken und Egostrukturen. Doch ansonsten gibt es absolut keine Grenzen.

Wenn wir kontinuierlich jeden Moment erkunden und genießen, werden wir erleben, dass unsere Wahrnehmung immer öfter von innen nach außen fließt und nicht von außen nach innen. Zum Beispiel bricht die Verbindung nach draußen nicht mehr so schnell ab wie vorher. Wir kannten es bisher nur so, dass unser Blick aus einem präsenten Selbstgefühl nach draußen bloß für eine sehr kurze Zeit anhielt, denn bald schon kam der nächste Gedanke und lenkte uns wieder ab: der nächste Film, unsere nächste Rolle. Jetzt, mit dem bewussteren Fokus auf den Augenblick, schauen wir immer etwas länger, als wären wir hochkonzentriert und nicht ablenkbar. Wir fühlen in uns die beobachtende Position und die Verbindung, die das Beobachten mit dem Außen eingeht. Das Schönste dabei ist, dass es sich anfühlt wie ein Raum, in dem es keine Bewertungen (Gedanken über …) gibt. Der Jetzt-Raum ist sozusagen ausschließlich „gefüllt" mit unserer beobachtenden Präsenz – nicht wie jemand, der bloß distanziert zur Kenntnis nimmt, sondern wie jemand, der vollständig fühlend wahrnimmt.

Möglicherweise nehmen wir zwar Gedanken wahr, die das Potenzial haben, sich zu Bewertungen zu entwickeln, aber wir identifizieren uns nicht mit ihnen, sondern bleiben in unserer aufmerksamen Verbindung mit dem, was um uns herum und in uns ist. Ohne Identifikationen mit Gedanken erleben wir uns und die jeweilige Situation wesentlich ruhiger und friedlicher, als wir es gewohnt sind. Nach einer gewissen Zeit sind uns diese Ruhe und dieser Frieden dann nicht mehr fremd oder neu, sondern sie stärken unser Vertrauen und wirken auf uns wie eine herzliche Einladung.

Dieser attraktive Aspekt berührt mich oft sehr tief, wenn mir Klient*innen oder Seminarteilnehmer*innen erzählen, dass sich diese Selbstbegegnung für sie anfühlt wie das Wiedersehen mit einer lange sehr geliebten und stark vermissten Person. Es wäre wie ein Nach-Hause-Kommen und sie fühlten sich zutiefst geborgen in sich selbst, denn dieses bekannte Wesen, diese geliebte und vermisste Person sei ja niemand anderes als sie selbst.

*

Immer mehr im Jetzt-Raum zu leben ermöglicht uns auch, nach und nach **von innen nach außen** zu handeln. Im Nebeneffekt geschieht vieles, von dem wir glaubten, wir müssten uns

119

ständig neu darum kümmern, wie von selbst. Andererseits rücken Lebensumstände, die uns nicht guttun, aus unserem Fokus, ebenfalls wie von allein. In unserem neuen Zustand der inneren Ruhe und stillen Wahrnehmung gestalten wir unser Leben aus einer Schwingung heraus, die keine trennenden Tendenzen hat und die Egos nicht „füttert". Sie gehört natürlich zu dem Ganzen, das um uns herum ist und dessen Teil wir sind, und „regelt" deshalb die Dinge für uns und für alles, was um uns ist, in zuträglicher Weise. Diese Schwingung ist liebende Energie, die für uns sorgt, wenn es uns gelingt, unserer neu gewonnenen Ruhe und Stille zu vertrauen. Wir sind sozusagen an den Energie-Strom der vitalen Schöpfung angeschlossen.

Es ist wunderschön, erleben zu dürfen, voll handlungsfähig zu sein, auch ohne ständiges Denken und Identifizieren mit den Gedanken. Und noch wunderbarer ist es, darüber hinaus immer mehr eine Ahnung davon zu bekommen, was es heißen kann, **bedingungslos** glücklich zu sein. Es scheint, als ob der sich mehr und mehr festigende Modus der Verbundenheit das Glücklich-Sein aus sich selbst heraus schafft – es braucht weder Absicht noch Grund dazu. Unser Sein-Zustand ist bereits natürlicherweise reines Glück, wogegen wir uns das Leid und den Schmerz erst über Identifikationen selbst antun – nicht umgekehrt.

*

Dennoch können verschiedene Phasen während der Umstellung auf den Jetzt-Sein-Zustand auch verwirrend sein. Du kommst dir vielleicht komisch vor, irgendwie anders, merkwürdig, eben ungewohnt. Deine Gewohnheiten ändern sich, dein Ruhebedürfnis nimmt zu und du pflegst womöglich zeitweise weniger Kontakte zu anderen Menschen. Vor allem verändert sich deine Interessenlage: Die Dinge, die dir wirklich guttun, ziehen dich mehr an und Inhalte, die dir nicht so gut bekommen, meidest du eher.

Für deine Egostrukturen ist das logischerweise sehr beunruhigend und das kann sich unter Umständen sehr unangenehm bemerkbar machen. Du empfindest eventuell eine Art innere Abgeschiedenheit, die dich ängstigt. Es kann auch der Eindruck entstehen, irgendwie langsam „verrückt" zu werden. Verwirrungszustände resultieren daraus, dass du die alte und die neue Matrix zum Teil gleichzeitig wahrnimmst: Du bist in der alten Wahrnehmungsform nicht mehr ganz drin und in der neuen noch nicht ganz angekommen.

Lasse deine Einsichten und Erkenntnisse einfach auf dich wirken, so erschreckend sie vielleicht auch sein mögen. Vielleicht verblüfft es dich ja auch nur, zu begreifen, dass so ziemlich alles, von dem du bisher annahmst, es sei unglaublich wichtig, in Wirklichkeit überhaupt nicht von Bedeutung ist. Wenn du umfänglich verstehst, welchen Täuschungen du bisher aufgesessen bist, kann dich das allerdings auch eine Zeit lang frustrieren.

In der Übergangszeit – stelle sie dir wie einen aufwendigen Umzug in den Jetzt-Raum vor – ist es sehr hilfreich, den Fokus konsequent darauf zu richten, dich so oft es geht innerlich mit allem, was **jetzt** ist, zu verbinden. Dazu brauchst du nur ein offenes Herz und das tiefe Vertrauen, dass alles in bester Ordnung ist. Das einfache Mantra „Alles ist gut" ist deshalb sehr geeignet, immer wieder zu der bereits erfahrenen Ruhe zurückzukehren. Ebenfalls unterstützend ist es, dir immer wieder bewusst zu machen, dass deine Egostrukturen, zu denen auch die Angst gehört, sich nachhaltig verändern. Dieser Shift geschieht nicht mit einem Fingerschnippen, sondern über mehr oder weniger lange prozessuale Auseinandersetzungen damit, deine Identifikationen zu erkennen und auch loszulassen.

HILFE, ICH BIN UNENDLICH!

Auf einem schamanischen Seminar, an dem ich vor vielen Jahren teilnahm, ging es in einer der intensiven Sitzungen für mich um die Frage: Wer bin ich? Mir fielen eine Menge Dinge ein, die mich scheinbar ausmachten: die Liebe zu meiner Freundin, meine erfolgreiche Tätigkeit als Therapeut und Coach, mein Freundeskreis, Musik, Urlaube und so weiter. Während ich der Frage nachging, erlebte ich mich in diesen unterschiedlichen Zusammenhängen, sah mich lachen und mich freuen, kompetent und verständnisvoll ebenso wie ärgerlich und ungeduldig. Und während dieser inneren „Schau" wurde mir klar, dass dies alles lediglich Rollen waren, die ich mir ausgesucht hatte. Auf manche hatte ich Lust und auf andere nicht, aber ich spielte sie trotzdem. Ich sah nur Filme, die mehr oder weniger unterhaltsam waren.

Aber das war ja nicht ich! Wer war ich denn hinter all diesen Identifizierungen? Ich hatte schon oft davon gehört oder darüber gelesen, dass es für das Erwachen wichtig sei, an nichts „anzuhaften" und sich von allen Egostrukturen zu lösen. Rein intellektuell war mir das bislang durchaus klar gewesen, denn wer wollte schon sein ganzes Leben in Illusionen verbringen? Doch ich hatte darin keine Praxis und demnach auch keine Erfahrung.

In der Sitzung wurde mir spontan deutlich, dass ich gerade im Begriff war, die Notwendigkeit zu verstehen, meine Identifizierungen nicht nur theoretisch, sondern ganz real aufzugeben. Mir liefen Schauer über den Rücken. Angst kroch in mir hoch. Wer war ich dann noch? Was würde von mir übrig bleiben? Die Antwort folgte prompt: wunderbares Sein, das Fließen der Unendlichkeit des Augenblicks, reines Gewahrsein. Das – und sonst nichts! Anstelle von ekstatischen Einheitsgefühlen überkam mich nun erst recht große Furcht. Mir wurde mulmig zumute.

Eine nie gekannte Leere begann sich in mir und um mich herum auszudehnen. Der letzte Rest meines unerschrockenen Selbst flüsterte mir zu: „Lass los! Lass doch einfach los! Du fällst nur in die Wirklichkeit, das kann doch nicht so schlimm sein." Doch, es war schlimm, es war sogar sehr schlimm! Todesangst quälte mich, denn die Klarheit, mit der ich konfrontiert war, schien wie ein schleichendes Gift meinen Körper zu zersetzen. Eine unglaubliche Einsamkeit setzte ein, gekoppelt mit einem Gefühl des Grauens.

Da war nichts außerhalb meiner Identifikationen. Da war einfach nichts, gar nichts! Ich war überhaupt niemand, wenn ich von meinen Identifikationen einmal absah. Es kam mir vor wie ein Fallschirmsprung ins Dunkle, der nie enden würde. Die Angst entwickelte sich langsam zur Panik und ich hatte den Eindruck, etwas tun zu müssen, um am Leben zu bleiben. Plötzlich wünschte ich mir nichts sehnlicher, als in meiner illusorischen Realität und meinen gewohnten Mustern unter gewohnten Menschen in einem gewohnten Umfeld zu bleiben.

Ich erschrak, als mir bewusst wurde, dass mir alles Gewohnte scheinbaren Schutz bot, denn von hier aus konnte ich mich sozusagen wie aus sicherem Abstand auf das

Bewusstwerden (in der Zukunft) freuen. Hier waren meine Egos ungefährdet und ich konnte mit Anderen über Erleuchtung reden und diskutieren, mich toll austauschen, ohne in Schwierigkeiten zu kommen. Hier konnte ich viele Sprüche klopfen, musste aber nicht handeln. Es war wie Schwimmen lernen wollen, ohne nass zu werden – und ich ertappte mich dabei!

Ich betete darum, wieder in meinen gewöhnlichen Bewusstseins-Zustand (oder sagen wir besser Unbewusstseins-Zustand) zu gelangen, und so geschah es dann auch. Dankbar landete ich wieder in meinen Identifikationen, meiner Vergangenheit, meinen Glaubenssätzen und was mich sonst noch so alles glauben machen konnte, das sei ich.

Ich war zurückgekehrt in meine sehr gut inszenierte Scheinwirklichkeit. Darüber wusste ich nun unwiderruflich Bescheid. Offensichtlich war ich unter diesen Umständen nicht in der Lage, meine Egostrukturen loszulassen. Wohl wissend, dass es nur mein Ego war, das Angst vor dem Tod hatte, schien die lichtvolle Alternative dazu in mir noch nicht so weit herangereift, dass ich den Sprung wagen würde. Das Nichts, die Leere, die ich gerade eben hatte erfahren dürfen, besaß noch zu wenig von dem Charme der Allverbundenheit. Ich hatte das Glück darin nicht gespürt.

Diese intensive Erfahrung war der Beginn eines langen Prozesses. Ich nahm die Einsicht daraus mit, dass meine Egostrukturen offensichtlich noch einen großen Teil meines Bewusstseins besetzt hielten. Ich beschloss, für mich einen freundlicheren Einstieg in die Wirklichkeit vorzubereiten. Das aber würde nur dann gelingen, wenn mein Bewusstsein sich weiter ausdehnte. Ich wollte sozusagen schrittweise nass werden, langsam erst mit den Zehen ins Wasser steigen, dann mit den Füßen und erst dann mit dem ganzen Rest – Schritt für Schritt.

Jahrelang hatte ich geglaubt, die Erfüllung, das Glück, im Außen zu finden. Jetzt, als klar war, dass ich nur über einen inneren Prozess zur Erfüllung gelangen konnte, musste ich feststellen, dass es nicht mit einer Spontanerleuchtung getan wäre, die einfach ein Leben lang anhielte. Vielleicht wäre eine spürbare Veränderung möglich gewesen, wenn ich mich getraut hätte, alles loszulassen. Nun, ich hatte nicht losgelassen und spürte nun trotzdem eine deutliche Veränderung. Ich verstand, dass es nicht um eine einmalige Erfahrung ging, sondern um eine stetige Entwicklung, die Zeit brauchte.

Vielleicht geht es dir ja anders. Vielleicht bist du bereits erwacht. Oder vielleicht erwachst du erst eines Tages spontan aus deinem „Schlaf". Wahrscheinlicher ist, dass es für dich so wie für mich ist: Das Aufwachen geschieht in kleinen, manchmal unmerklichen Schritten. Dann wirst du immer wieder Zeiten erleben, in denen du das Wunderbare empfindest, gefolgt von Zeiten, in denen du in der Ego-Welt verhaftet bist. Aber du kannst dir sicher sein, auch wenn die Phasen der Anhaftung mal etwas länger dauern, gehen sie letztlich doch wieder vorbei und die Inseln des bewussten Seins, des Glücklich-Seins, werden immer größer, bis du von der einen Insel zur anderen sehen und spüren kannst, dass diese Inseln im Begriff sind zusammenzuwachsen.

Achtung! Wach werden!

Bewusstsein ist einerseits der Abstand zu den Gedanken und andererseits die Verbundenheit zu allem, was ist. Im Gewahrsein dessen, was ist, gibt es keine Egostrukturen. Es gibt keine Bewertungen, keine Launen, keine Befindlichkeiten. Wenn du wirklich in dieses Jetzt eintauchst, spürst du alles, was ist. Und du weißt, dass du ein Teil von allem bist, was existiert. Da gibt es keinen Hass, keinen Krieg, nur Raum, Stille und Verbundenheit. Und während du beobachtest, brauchst du nicht zu bewerten, da du dich mit nichts von all dem, was geschieht, identifizierst.

Solange du in diesem Jetzt-Raum bist, weißt du, dass es nichts zu beurteilen gibt. Es gibt Dinge, die geschehen, und andere Dinge, die nicht geschehen. Ob du das nun beurteilst oder nicht, so geschieht es. Die Dinge auf dieser Welt geschehen und du reagierst nicht darauf. Dennoch bist du aktiv. Du arbeitest, tust, was zu tun ist, und hörst auf zu reagieren. Du **agierst** aus dir selbst heraus, aber du reagierst nicht mehr auf das, was draußen geschieht oder was dir deine Egostrukturen (infizierende Gedanken) suggerieren.

Der Jetzt-Raum ist unendlich groß und lässt sich kaum in Worte fassen, aber du kannst ihn spüren und deine Existenz darin fühlen. Du kannst dir vorstellen, dass dieser Raum schon immer da ist, während dein Körper erst seit einer Weile da ist und auch wieder vergehen wird. Aber dieser Raum und dein Bewusstsein bleiben – als Teil des unaussprechlichen Wunders der Unendlichkeit.

Du kannst dir vorstellen, dass dein sterblicher Körper und die mit dem körperlichen Leben einhergehenden **Dualitäten** ein kreatives Spiel in dieser Unendlichkeit sind. Da gibt es keine Fragen und Antworten, keinen Sinn oder Unsinn, keine Zukunft und keine Vergangenheit. Aber es gibt Glückseligkeit:

das Glück, verbunden zu sein und die unzähligen Formen der Schöpfung zu genießen, zu bewundern und zu bestaunen.

Wenn du in diesem Bewusstsein anderen Menschen begegnest, fällt dir das Schöne an ihnen auf und auch die tiefe Sehnsucht nach Verbundenheit und Liebe, tief in ihren Herzen. Du lässt dich nicht täuschen von den Egos, die sie anders erscheinen lassen. Du erinnerst dich daran, dass sie wie du göttliches Bewusstsein sind, auch wenn sie selbst sich und dich gerade nicht daran erinnern. Sie scheinen vergessen zu haben, dass sie göttliche Wesen sind. Sie scheinen an einen Weg zu glauben, den ihnen ihre Egos vorgaukeln. Sie scheinen daran zu glauben, dass sie irgendetwas werden müssen, weil sie vergessen haben, dass sie schon alles sind. Doch du durchschaust die Täuschung der Egos.

Du kannst andere Menschen wirklich lieben, weil du sie durch ihre Egostrukturen hindurch erkennst. Du kannst sie annehmen, wie sie sind, weil du selbst einmal mit deinen Gedanken und Egos identifiziert warst und es dir um Sinn und Unsinn, um Angst und Macht oder worum auch immer ging. Vielleicht geht es dir auch jetzt so, vielleicht geht es dir manchmal oder ab und zu so. Und vielleicht beginnt ein Teil in dir, die Sehnsucht nach diesem Abstand von Gedanken zu spüren, und du machst dich auf den Weg, aus der Illusion auszusteigen.

*

Stelle dir vor, du ruhst in dir selbst. Deine Gedanken sind still, deine Emotionen auch. Du nimmst einerseits teil an dem, was gerade geschieht, und andererseits beobachtest du, was geschieht. Du bist gleichzeitig involviert und nicht involviert – Teilnehmer und Beobachter. Wenn Gedanken auftauchen, die das Geschehen kommentieren wollen, lässt du die weiterziehen. Stattdessen nimmst du einfach nur wahr, mit allen Sinnen, ohne das zu bewerten, was du wahrnimmst.

Wie klingt das für dich? Meinst du, dass du jetzt willenlos vor dich hinvegetierst und unfähig bist, alltagstaugliche Entscheidungen zu treffen? Dem ist bei Weitem nicht so. Obwohl du dich um nichts aktiv zu kümmern scheinst, nicht darüber nachdenkst oder vordenkst, was alles zu tun ist, bist du aktiv. Du fällst Entscheidungen, kaufst ein, gehst arbeiten, liebst deinen Partner, deine Partnerin und so weiter. Alles funktioniert, allerdings reibungslos. Irgendwoher scheinst du, ohne darüber nachzudenken, zu wissen, was zu tun ist, was du loslassen kannst, was als Nächstes geschieht. Aber du bist damit nicht identifiziert!

Du bist in dein Lebensspiel vertieft, ohne es ernst zu nehmen und wissend, dass sich alles stets wandelt. Du bist gelassen, weil du weißt, dass alles in Ordnung ist, wie es ist, weil du mit allem verbunden bist und sozusagen an der Echtzeit teilnimmst. Du spielst aktiv mit – in Echtzeit. Du tauchst ein in die Welt des absichtslosen Tuns, weil du alles tust, was getan werden möchte, ohne dich damit zu identifizieren. Du bist zu Hause angekommen.

Wenn du mich jetzt fragst: „Und was ist, wenn in diesem Jetzt ein Tiger vor mir steht, wie ist es dann mit meinen Egos?", kann ich dir versprechen: Wenn ein Tiger im Jetzt vor dir steht, dann steht im Jetzt ein Tiger vor dir. Nicht mehr und nicht weniger. Du musst diesen Live-Film nicht kommentieren, weil du ihn ja jetzt gerade erlebst. Du brauchst keine Egos zum Nachdenken oder Vordenken, weil jetzt das Jetzt ist und kein Vorhin oder Nachher. Was geschieht, wenn der Tiger vor dir steht, wirst du erleben.

Du **interpretierst** weder das Leben anderer noch dein Leben, weil du live-geschaltet bist. Es gibt keine größere Freude als die, live zu sein. Jeder Augenblick ist neu. Du bist unvoreingenommen, weil du jeden Augenblick erlebst, wenn er stattfindet. Du musst weder vorher noch nachher irgendetwas über diesen Augenblick denken.

Das ist das Geheimnis.

Das konstruierte Ich

Seit langer Zeit sind wir an unser sogenanntes „Ich" gewöhnt. Es ist das, was uns scheinbar ausmacht und von den Anderen unterscheidet. Es gibt ein Ich in der Vergangenheit und unsere Erinnerungen sind voll von Ich. Es gibt das präsente Ich, mit allem, was wir jetzt gerade glauben zu sein, zu denken, zu fühlen, zu besitzen, zu befürchten, zu vermissen und so weiter. Und dann gibt es natürlich noch das zukünftige Ich, mit allen möglichen **Projektionen** für die vermeintliche Zukunft.

Doch wo dieses Ich genau ist, wissen wir nicht. Im Kopf, im Gehirn, irgendwo unbestimmt im Körper? Weder Psychologie noch Neurowissenschaft haben Erhellendes darüber zu sagen, wo sich das Ich letztlich aufhält. Im Gehirn konnte bisher jedenfalls keine Ich-Instanz nachgewiesen werden. So ist davon auszugehen, dass es keine Ich-Instanz gibt, allerdings eine **Idee** davon. An diesem Punkt reichen sich Wissenschaft und spirituelles Bewusstsein die Hände.

Dennoch hält uns das nicht davon ab, ständig von „Ich" zu sprechen, und zwar so, als sei „Ich" real. Es ist ein bisschen so wie mit den Problemen: Wir reden viel von Dingen, die es im Jetzt gar nicht gibt, und nennen sie dann „Probleme". Dabei gibt es im Jetzt lediglich Situationen, Umstände und Zustände, welche subjektiv als problematisch eingestuft werden. Diesen Zusammenhang zu erkennen, ist sehr wichtig, denn er ermöglicht uns, nach und nach einen Abstand zu unseren Identifikationen und den damit verbundenen Leidensmustern zu gewinnen.

Wenn es dieses „Ich" in Wirklichkeit gar nicht gibt, dann können wir dieses Ich als **Konstruktion** anerkennen. Unsere Sprache ist zwar eng damit verknüpft und dennoch ist und bleibt es eine Konstruktion. Allein diese Erkenntnis schafft Luft, schafft mehr Leichtigkeit, denn das bedeutet, dass wir dementsprechend auch alles, was mit dem vermeintlichen „Ich" zu tun hat, nicht so ernst nehmen müssen. Wir können mit dem Abstand der Beobachtung feststellen, dass dieses „Ich" eine kuriose Erfindung ist, die unglaublich viel Drama mit sich bringt. Und jetzt können wir dieses Drama endlich durchschauen!

*

Wenn du mich fragst, werde ich vermutlich das Wort „Ich" noch oft benutzen: Ich werde mich noch oft dabei ertappen, wie ich mich mal wieder mit irgendeiner Leidensform identifiziere, mir selbst leid tue, wütend bin auf ein vermeintlich anderes Ich, das irgendetwas tut, um mir scheinbar zu schaden und so weiter. Doch eins kann ich dir versprechen: Diese Identifikationen werden allmählich weniger, dauern kürzer, verlieren an Wirksamkeit. Es ist, als würde ich meinen Kopf immer mehr anheben, um mehr von meiner Umgebung zu sehen.

Beginne ich damit, meine Ich-Anhaftung weniger ernst zu nehmen und bewusst immer öfter infrage zu stellen, dann wird es immer leichter in mir und um mich herum. Das liegt daran, dass ich in ein Fließen komme. Flow ist der Modebegriff für diese innere (und dann auch äußere) nahtlose Bewegung, die wie ein Tanzen mit dem Augenblick ist. Letztlich verstärkt sich die neue Perspektive, die Dinge so wahrzunehmen, wie sie wirklich sind, nicht wie sie mir meine Egos erzählen. Und an die Stelle des Leidens an der Illusion tritt mehr und mehr Leidenschaft für die Realität.

Sprechen wir an dieser Stelle noch einmal über **Beurteilungen**: Nimm an, du beobachtest einen Mann, der bei Rot trotzdem über die Ampel fährt. Du siehst es, dein Verstand kombiniert blitzschnell, dass da etwas falsch läuft – das glaubt dein Verstand auch nur, weil es Gesetze gibt, mit denen er diese Handlung des Mannes vergleicht. Das Urteil steht innerhalb von Sekunden fest: Der Mann ist definitiv verantwortungslos! Das mag für den Augenblick und diesen Mann in dieser Situation vielleicht sogar stimmen, je nachdem, was er sich selbst dabei gedacht oder eben nicht bedacht hat. Doch nun brennt sich dieser urteilende Satz in dein Gedächtnis ein und jedes Mal, wenn du siehst, dass jemand bei Rot über die Ampel fährt, stempelst du ihn oder sie damit ab. Dabei kann es verschiedene Gründe haben, bei Rot zu fahren: Gedankenlosigkeit, Demenz, Naivität, Not oder schlicht kein Verkehr ..., du weißt es nicht und kannst es auch nicht wissen. Trotzdem klebst du das Etikett mit der Aufschrift „verantwortungslos" auf andere Menschen.

Urteile neigen also dazu, starre Begriffshülsen (Schubladen) zu werden, in die wir dann alles Mögliche hineinstopfen, obwohl klar ist, dass meistens die Inhalte gar nicht zu den Begriffen passen. Und nun geschieht Folgendes: Wir nehmen eigentlich nur noch die Begriffshülsen wahr, aber kaum noch das, was geschieht. Unser Gedanke „verantwortungslos!" ist viel deutlicher in uns wirksam als die eigentliche Ampelsituation. Als ginge es darum, ein Spiel über Schnelligkeit zu gewinnen, verknüpft unser Verstand Eindrücke mit Schubladen. Was wirklich gerade geschieht, bleibt aber verborgen. Und selbst wenn wir diese Verwechslung bemerken, klären wir es mit einem weiteren Urteil auf: Unsere Meinung ist ja objektiv, die Situation eher subjektiv. Da Objektivität höher bewertet wird, sind wir schnell fertig mit der Sache.

*

In unserer Idee von Objektivität und unserem Hang, Dingen einen Namen zu geben, steckt eine tiefreichende Verwechslung: Lebendige, bewegliche und flüchtige (fluide) Erscheinungen werden scheinbar zu festen Dingen und definierbaren Sachen, selbst Pflanzen und Tiere, sogar Menschen und ihre Organe und Gliedmaßen.

Wenn das Wandelbare und Lebendige erstarrt zu einem Ding, bleibt darin nur ein Bruchteil der Wirklichkeit erhalten.

Der lebendige Austausch immer fließender Wahrnehmung im ewigen Augenblick geht also verloren. Als würden wir das Wasser eines Flusses in Flaschen abfüllen und so den Fluss trockenlegen. Wir waten im sandigen Flussbett und das Wasser steht in den Flaschen ab und verliert mit der Zeit seine vitale Energie. Sagen wir: Es stirbt! Doch das fällt uns meist gar nicht auf, da wir es gewohnt sind, unlebendig zu reagieren, statt lebendig zu agieren. Der Großteil allen Seins und all dessen, was wirklich geschieht, sich wandelt und fließt, bleibt uns so meist verborgen.

So frei sind wir gar nicht

Dass wir uns über unseren gepriesenen Willen unterscheiden von Pflanzen und Tieren, würde wahrscheinlich jeder unterschreiben. Aber was wollen wir denn? Nun ja, ich kann mich hier und auf der Stelle entscheiden, ob ich lieber ein Bier aus dem Kühlschrank hole oder mir eine Flasche Wein aufmache. Ebenso kann ich einen Kombi oder eine Limousine kaufen und natürlich eine bestimmte Ausstattung und Farbe „wollen".

Wille, ob frei oder nicht, kommt von „Wollen". Wollen zeigt ein Bedürfnis, einen Drang oder auch eine Idee an und diese inneren Tendenzen haben meist eine Vorgeschichte. Die wiederum hat etwas mit unserer Kultur und Tradition zu tun oder mit unserer **PERSÖNLICHEN** Vita. Kultur und Vita sind aber nicht aus „freien Stücken" entstanden, sondern sind an unzählige komplex verflochtene Bedingungen, Voraussetzungen und Zusammenhänge geknüpft. Innerhalb dieser Verknüpfungen können wir also „wollen", allerdings würde ich das nicht unbedingt „frei" nennen. Interessanterweise können wir sogar außerhalb dieser Verknüpfungen gar nichts wollen.

Die Werbung macht sich zum Beispiel unseren „freien" Willen innerhalb festgelegter Kontexte gerne zunutze. Sie zeigt mir explizit, worüber ich „frei" entscheiden kann. Meine Entscheidung wird also von der Auswahl der Angebote bestimmt, allerdings auch von meinem aktuellen Kontostand, meiner gesellschaftlichen Position und sonstigen Kriterien.

Übrigens werden Angebote von „freien" Werbegestaltern konzipiert, die wiederum „frei" darüber entscheiden können, welche Strategie sie innerhalb der aktuellen Konsumlandschaft wählen wollen, die ihrerseits diversen Bedingungen unterliegt: innerhalb der Produktion bis hin zur Rohstoffgewinnung. Alles in allem klingt das eher nach „eingeschränkt" als nach „frei".

Meiner Erfahrung nach ist der freie Wille ohnehin ein sehr launisches Moment, das sich, abhängig von vielen Faktoren, entsprechend unstet äußert. Wenn ich überhaupt etwas als „frei" empfinde, dann doch eher die Tatsache, dass **ich** es bin, der etwas entscheidet. Aber war dieses Ich nicht bloß eine Konstruktion?

*

Unser Wollen ist immer vom Kontext abhängig und bezieht sich immer nur auf Wahlmöglichkeiten, die bereits feststehen. Über den Umfang verfügbarer Möglichkeiten hinaus können wir nichts wollen. Der Wille als solcher entsteht immer abhängig von verschiedenen Komponenten. Nun können wir uns fragen, ob es darum geht, uns bezüglich unseres Willens mehr

Freiheit zu verschaffen. Aus meiner Sicht wäre das die falsche Fährte, denn jede Erweiterung unserer Möglichkeiten bliebe am Ende doch ein festgelegtes Spektrum, über das wir nicht hinauskämen. Wir würden sozusagen das Kaufhaus nur vergrößern, aber es bliebe ein Kaufhaus.

Wenn wir uns mit dem Jetzt-Raum verbinden, werden wir auf eine ganz andere Art freier: Wir lassen eher geschehen als zu wollen oder zu wünschen. Mag sein, dass wir Qualitätswünsche äußern, beispielsweise dass alles so geschehen möge, wie es **zum Wohle** aller gereicht – wie der Buddhist es formuliert –, doch wir stellen unser Ego hinten an und lassen geschehen. Und dann übernimmt etwas Neues die Führung und regelt die Dinge für uns auf eine wohltuende Art und Weise, die unser Ego-Wille niemals zustande brächte.

*

Manipulationen unseres Willens sind besonders deshalb so erfolgreich, weil wir uns selbst kaum spüren. Paradoxerweise scheint der Grad der Selbstwahrnehmung in dem Maße zu sinken, wie unser Wohlstand größer wird. Denn Wohlstand geht mit chronischem Stress und Zeitmangel einher, mit Funktionieren statt Leben. Wir kompensieren alles, was uns an Lebendigkeit fehlt, auch Liebe, Freude und Glück, mit Konsumgütern, die uns so präsentiert werden, als wäre in ihnen all das in Hülle und Fülle enthalten: Liebe, Freude und Glück. Doch wie viel Liebe steckt in einem Mon Cherie und wie viel Glück in einem Mercedes?

Wo es hinführt, wenn wir uns selbst für ein ausgelaugtes Leben vermeintlich „belohnen", erleben wir alle. Selbst wenn wir viel wollen und viel bekommen, sind wir nicht zufrieden und erfüllt. Im Gegenteil, je mehr wir haben, umso weniger scheinen wir zu sein. Stelle dir vor, du würdest all die Liebe, die du dir wünscht, wirklich real in deinem Leben erfahren, statt sie in Romanen nur zu lesen oder bloß in Filmserien zu sehen. Stelle dir vor, du kochst wirklich, was in der Koch-Show gebrutzelt wird, und lädst deine Freunde zum Essen ein. Und stelle dir auch vor, du sitzt auf einer Wiese und tust einfach gar nichts.

Wenn du Freude und Liebe und Glück in deinem Alltag erfährst, musst du nichts kompensieren. Wenn du fühlst, dass du schon alles bist, was du dir wünschst, ist kein Wunsch offen. Du willst nichts mehr, du bist einfach. Dein Bedürfnis nach dir selbst und guten Beziehungen ist erfüllt.

Zusammengefasst läuft es darauf hinaus: Je mehr Realität im Jetzt du erlebst und je mehr du dich selbst fühlst und je mehr du mit allem verbunden bist, desto mehr Freiheit gewinnst du in deinen Entscheidungen. Vielleicht nutzt du diese Freiheit, um bevorzugt Nahrung zu kaufen, die ökologisch und ethisch vertretbar ist. Vielleicht kaufst du aber auch viele Dinge gar nicht mehr und setzt dein Geld eher für wohltätige Zwecke ein. Auch wenn deine Entscheidungen meist Kompromisse bleiben werden, weil du unmöglich alle Aspekte prüfen kannst und du so gar nicht ausschließen kannst, an Prozessen beteiligt zu sein, welche nicht verantwortend oder nicht nachhaltig sind, kannst du wertvollen Einfluss nehmen durch deine möglichst freie und gute Wahl. Und jeder Schritt in die richtige Richtung ist ein kostbarer Schritt auf deinem Weg.

Mentalhygiene & Medialität

Glaubst du an Telepathie? Oder hältst du Gedankenübertragung für ausgemachten Unfug? Wie dem auch sei, sicher hast du aber schon einmal erlebt, dass du an jemanden ganz fest oder besonders liebevoll gedacht hast und sich dann herausstellte, dass diese Person genau das irgendwie gespürt hat. Womöglich wusste diese Person sogar in etwa, was genau du gedacht hast. Oder du dachtest gerade intensiv an jemanden und kurz drauf rief genau diese Person bei dir an.

Gedanken sind Energie-Phänomene, die je nach Stärke und Ladung etwas erschaffen. Wie wir schon gesehen haben, erschaffen sie beispielsweise eine Scheinidentität in uns, wenn sie mit einer hohen Wiederholungsintensität auf uns einwirken, sodass wir uns mit ihnen identifizieren. Sie schaffen auch die Illusionen der Realität, über die wir schon gesprochen haben. Gedanken können natürlich ebenso gut auch wohltuende Dinge hervorbringen. Doch wie genau funktioniert das?

Die Grundlage für wohltuende Gedankenenergie besteht darin, nichts zu wollen. Natürlich kann man auch etwas Positives erreichen, wenn man etwas will, allerdings wird sich schnell herausstellen, dass wir in diesem Falle des Wollens die ganze Aktion **PERSÖNLICH** nehmen und dann froh oder frustriert sind, je nachdem, was geschieht. Wir bringen mit anderen Worten unsere Ego-Energie mit hinein, wenn wir etwas angestrengt „wollen", ob Negatives oder Positives. Lassen wir das Wollen aber los und verbinden uns, ohne unsere Egostrukturen dabei zu Hilfe zu nehmen, dann erfahren wir uns selbst als Teil eines Prozesses, der auf einer anderen Ebene schwingt. Man könnte auch „absichtsloses Denken" oder „intentionslose Gedanken" dazu sagen. Wir haben einfach kein Motiv.

Erinnere dich: Wenn du Liebe allem und dir selbst gegenüber empfindest, bist du bereit, alles so zu sehen und zu nehmen, wie es ist. Deshalb verschwindet auch das Wollen, denn etwas zu wollen bedeutet ja, dass es so, wie es gerade ist, nicht perfekt ist. **In der Liebe nimmst du dich als Teil von allem wahr und bist frei, deine Gedanken und dein Handeln zum Wohle aller einzusetzen.** Das ist natürlich ein Lernprozess, der zu deinem Weg (aus der Illusion herauszukommen) dazugehört, doch du könntest damit anfangen, an andere Menschen in einer positiven und förderlichen Weise zu denken. Wünsche ihnen nur das für sie Bestmögliche!

Natürlich haben wir immer Ideen dazu, was unserer Meinung nach das Beste für andere wäre. Doch darum geht es hier eben nicht. Du kannst davon ausgehen, dass du, wie jede und jeder andere auch, lediglich einen sehr begrenzten Ausschnitt dessen siehst, was wirklich ist, das heißt auch, was andere Menschen betrifft. Du magst manche besser kennen als andere, aber letztlich bist du nicht sie. Du kannst nur sehr bedingt einschätzen, was anderen wohl am zuträglichsten sei. Versuche daher, deinen Wunsch frei und offen zu formulieren.

*

In diesem Zusammenhang möchte ich kurz erwähnen, dass die Verszeile „Dein Wille geschehe ..." aus dem meistgesprochenen christlichen Gebet „Vaterunser" meiner Meinung nach im Ansatz eine ähnlich gemeinte Botschaft enthält. Das eigene **PERSÖNLICHE** Wollen soll zugunsten des Schöpfungs-Willens losgelassen werden. Naiv gedacht, weil Gott sicher eher weiß, was zu tun ist. Weniger naiv ist die Einsicht, dass das Gesamtinteresse der ganzen Schöpfung, also aller Göttlichkeit, von der wir „nur" ein Teil sind, umfassender sein muss als unser **PERSÖNLICHES** Wollen.

Letztlich geht es um das Loslassen von Wollen. Der „freie Wille" ist in erster Linie eine mentale Erfindung.

Glück liegt in der Stille

Wenn ich mir früher Glück vorstellte, war das eher laut und bunt und fröhlich und vielleicht übermütig, aber still war das Glück für mich nie. Doch dann machte ich zunehmend Erfahrungen mit dem stillen Sein und stellte fest, dass Stille vielschichtiger war, als ich angenommen hatte – viel mehr als bloße Ruhe, wie ich sie bisher gekannt hatte. Innerhalb der Ruhe, innerhalb der Stille, gab es offensichtlich einen bisher unbekannten, kreativen, ja magischen Raum, den ich zunehmend erfahren und erleben durfte.

Wenn du in dir ruhst und dieser Ruhe eine Chance gibst, kommen kreative Ideen aus deinem Inneren zum Vorschein. Du beginnst vielleicht etwas zu unternehmen, das du schon lange nicht mehr gemacht hast. Du verspürst einen Antrieb, der von innen kommt, einfach so, von selbst. Eine mehrdimensional intelligente Kraft übernimmt in dir die Führung. Diese Mehrdimensionalität lässt sich nicht orten und du weißt nicht, woher diese Ideen, diese kreativen Einfälle, diese Inspirationen kommen. Sie tauchen auf einmal auf, als ob sie schon immer dagewesen wären und du sie bloß vorübergehend nicht wahrgenommen hättest.

Bei diesen Wahrnehmungen ist die lineare Zeitempfindung aufgehoben. Alles war, alles ist und alles wird – und das alles jetzt!

In meiner Erfahrung erwächst aus dieser Ruhe eine wundersame Sicherheit, die allerdings auch schon immer da war, nur dass ich sie nie gespürt habe. Diese Sicherheit zeigt sich in einem tiefen Vertrauen, das keinen rationalen Grund braucht. Sie ist wie eine innere Gewissheit, die einfach da ist. Sie existiert aus sich heraus, aus etwas Grundlegendem heraus. Sie speist sich wie von selbst aus einer **Quelle**, die nicht versiegt. Seit ich das erfahre, weiß ich erst, dass es diese unerschöpfliche Quelle überhaupt gibt und dass sie nichts, aber auch gar nichts mit meinem Verstand und meinen Gedanken zu tun hat.

*

Die Quelle des unerschöpflichen Glücks liegt in der Stille. Wenn wir von dieser göttlichen Quelle „trinken", empfinden wir eine nie gekannte Dankbarkeit dem Leben gegenüber.

Auch dieser Dankbarkeit ist nichts vorgeschaltet, das uns mental oder emotional animieren würde. Es gibt auch kein sichtbares Ereignis, keine Begebenheit, die als Grund für diese Dankbarkeit im Außen zu finden wäre.

Letztlich besteht Dankbarkeit aus der liebevollen, versöhnlichen Kraft einer tiefen Verbundenheit.

Stille ist das Fundament jedes Gewahrseins. Während wir zunächst Stagnation und Langeweile darin vermuten, passiert in der Stille etwas völlig anderes – wenn wir dafür ein offenes Herz haben wie ein staunendes Kind. Erinnerst du dich an „Die Chroniken von Narnia"?[8] In dem Fantasy-Roman entdecken die Geschwister Peter, Susan, Edmund und Lucy Pevensie hinter einem Wandschrank ein völlig unbekanntes, neues Leben. So ungefähr kannst du es dir vorstellen.

Erst nach und nach machen wir die Entdeckung, dass unsere Intuition (medial) über eine Art energetisch-interaktive Verbindung Impulse empfängt, die aus der größeren göttlichen Ordnung kommen. Letztlich kommen sie zwar wie **aus** uns, aber sie sind nicht **von** uns. Sie geschehen nicht zufällig oder beliebig spontan, sondern im fließenden Zusammenhang zwischen unserem Dasein und dem größeren Ganzen, in dem wir da sind. Ohne dass wir die impulshaften „Informationen" mental-intellektuell erfassen oder interpretieren, ergeben diese „Eingebungen" meist in mehrfacher Hinsicht Sinn – ja, mehr noch: Sie gehen in ihrer praktischen Umsetzbarkeit weit über unsere Vorstellungen von Erfolg oder Lösungen hinaus. Offenbar ist ihr Erfolgs- und Lösungs-Potenzial so viel größer als alles, was wir selbst ersinnen könnten (das hat mit Klugheit nichts zu tun), dass es allen Beteiligten dient.

---

[8] Clive Staples Lewis: „Die Chroniken von Narnia". 1950-1956 (engl.). 2005-2008 (deut.).

Gerade weil diese genialen „Antworten" nicht durch unsere Ego-gesteuerten Mentalkräfte entstanden sind, hängen wir PERSÖNLICH nicht daran – „haften nicht an". Wir nehmen einfach daran teil und freuen uns über das, was geschieht, und über die guten Ergebnisse. Wir nehmen teil und wir beobachten, nicht mehr, nicht weniger.

In der Stille bestehen Fragen und Antworten zugleich, ohne dass es uns beunruhigen würde. Wir sind Aktion und Reaktion in einem, aber ohne Unruhe. All das, was geschieht, lenkt uns nicht mehr vom In-der-Ruhe-Sein ab.

*

Eine weitere, bisher noch unbekannte Komponente kommt hinzu: Allem, dem wir begegnen, begegnen wir mit **Mitgefühl** – und auch das empfinden wir eher nicht **PERSÖNLICH**. Da ist kein „Ich" und so gibt es auch kein Abwägen von Gründen oder Berechtigungen für Mitgefühl. Es gibt keinen Raum für Spekulationen. Unser Mitgefühl erwächst ganz organisch aus der bedingungslosen Anteilnahme am jeweiligen Augenblick. Wir sind berührt, weil es uns natürlicherweise betrifft – aber nicht **PERSÖNLICH**. Wir – ohne „Ich" und ohne Egos – stehen nicht im Vordergrund. Das mag verrückt für dich klingen, aber es ist wirklich genau so.

Jede Sekunde, jede Minute oder Stunde in der inneren Stille lässt uns glücklich sein und erahnen, wie es wohl ist, wenn sich die Egostrukturen allmählich ganz auflösen. **Die Gnade des permanenten bewussten Da-Seins rückt aus einer bisher verborgenen und unglaublichen Ebene hervor.** Immer besser können wir uns vorstellen, wie es sich anfühlen könnte, das große Einheitsgefühl des All-ein-Seins zu erfahren, auch wenn es anfangs nur in kurzen Zeitfenstern geschieht – egal, wie hoch die Rückfallquote auch sein mag.

TEIL III – ÜBUNGEN IM TRANSPERSONALEN JETZT-RAUM

Das Setting

Die (therapeutische) Arbeit im Jetzt-Raum stellt per se die Wirklichkeit von Vergangenheit, Zukunft und linearer Wahrnehmung infrage. Wir können erfahren, dass der sogenannte spirituelle Bereich, der mehrdimensionale Erfahrungsraum, allgegenwärtig ist. Die Mehrdimensionalität kann dabei so eindrücklich sein, dass man danach den Kopf schüttelt und sich fragt, ob man das wirklich erlebt hat.

Es gibt Atemtherapeut*innen, die es für wichtig halten, dass die Klient*innen möglichst ohne Unterbrechungen atmen, das heißt verbunden atmen. Aus meiner Erfahrung kann ich sagen, dass über den Atem die „Reisegeschwindigkeit" innerhalb einer Sitzung variieren kann. Es reicht aber generell aus, sich bewusst in die Atembewegung, die jetzt gerade fließt, hineinzubegeben.

Im Vorfeld der jeweiligen Sitzung gibt es eine oder mehrere ausführliche Besprechungen über die jeweils wichtigen Bedürfnisse und Inhalte der Klientin oder des Klienten. Hier bekommen sie Hinweise zu den Abläufen und möglichen Effekten. Sehr oft wirkt diese intensive Vorbereitung bereits wie ein erster Schritt in das transpersonale Erleben.

Über die genaue Dauer einer Sitzung kann ich keine allgemeingültige Aussage treffen. Generell ist die Zeit durch das entsprechende Setting bedingt und liegt zwischen ein und zwei Stunden. Manchmal dauert sie auch nur zwanzig Minuten, je nach thematischer Tiefe und Komplexität, aber auch abhängig von der Verfassung und Intensität des Erlebens. Entweder kann das Thema mit einer Sitzung abgeschlossen werden, oder es ergibt sich die Notwendigkeit mehrerer, aneinander gekoppelter Reisen, sozusagen Reisefolgen oder -fortsetzungen.

Die Tranceinduktion am Beginn der Sitzung ist eine sanft gesprochene Sequenz, bei der die liegenden Klient*innen in den Rhythmus des eigenen Atems eintauchen und in einen tiefen, entspannten Zustand gelangen. Das Bewusstsein dehnt sich aus, um einen geeigneten „Film" herauszusuchen, den es sich dann „ansieht". Nach der Induktion begleitet eine geeignete Musik die Klient*innen während ihrer Reise.

Die „Reisenden" erleben verschiedentlich Situationen aus Erinnerungen, die ihnen entweder bekannt oder unbekannt sind. Sie reisen an Orte, in Zeitpunkte des jetzigen Lebens oder früherer Leben, treffen Personen, begegnen Tieren, erleben sich selbst in verschiedenen Körpern oder anderen Dimensionen, vor allem können sie gleichzeitig parallele Erfahrungen machen oder Wahrnehmungen haben. Besonders interessant ist bei all dem, dass auch völlig neue Informationsinhalte zum Tragen kommen können, die manchmal Erinnerungslücken schließen, Lösungen anbieten oder Verständnistiefen erweitern und dergleichen. Die Qualität der Erfahrungen kann also multidimensional und somit atemberaubend und wunderbar sein, aber auch schmerzlich und traurig. Die gewonnenen Einsichten sind nicht selten absolut zukunftsweisend und erscheinen daher häufig „magisch", und doch können es auch winzige Perspektivwechsel sein oder völlig profane Erkenntnisse. Was es auch ist, daraus ergibt sich ein vielseitiges Handlungspotenzial.

Es gibt im Jetzt-Raum keine Grenzen, denn es gibt generell keine Grenzen. Grenzen erschaffen wir nur durch Identifikationen mit Bewertungen.

*

Atemreisen oder auch Rückführungen sind (wie zum Beispiel auch Hypnosen) im Normalfall nicht ohne kompetente Begleitung zu empfehlen. Einerseits ist es hoch anspruchsvoll, gleichzeitig sich selbst anzuleiten und die Reise eingelassen zu erleben. Außerdem kann es ein Risiko darstellen, denn sowohl die thematische Tiefe als auch die Intensität der Wahrnehmungen und somit der Grad der Herausforderung sind nicht prognostizierbar. Oft besteht dringender Bedarf an professioneller Unterstützung oder wirksamem Trost, Zuspruch oder Motivation.

*

Für die **Selbstanwendung** ohne Begleitung habe ich dir im Folgenden eine Reihe geeigneter Übungssequenzen aus meiner Praxis zusammengestellt, die dir als Einstig in den Jetzt-Raum dienen können. Diese Übungen kannst du nicht nur einmal absolvieren, sondern gerne eine Art Übungsfolge einrichten, die es dir ermöglicht, deinen Jetzt-Erfahrungsraum zu intensivieren, zu erweitern und tiefer zu durchdringen.

Hinweis: Die Übungen in diesem Buch stellen im Falle schwerer Krisen oder akuter bzw. chronischer Krankheiten keinen Ersatz für psychologische oder medizinische Therapien dar.

Du kannst die Übungen ohne Vorkenntnisse absolvieren und ein dafür stimmiges Setting selbst gestalten – beispielsweise bei dir zu Hause, an einem Ort, wo du ungestört sein kannst, aber auch in der Natur, wenn dir das mehr behagt. Sie eignen sich aber auch im normalen Alltag – sogar während deiner Arbeit –, um dein Gewahrsein weiterzuentwickeln. Du kannst sie auch nutzen, wenn du ein Stimmungstief hast, traurig bist oder dich von einem Problem gequält fühlst. Nichts spricht dagegen, auch frohe Stunden darauf zu verwenden.

Meiner Erfahrung nach steigert sich die Wirkung der Übungen, wenn du sie regelmäßig machst. Wie bei den meisten anderen Techniken sind Disziplin und Dranbleiben der Schlüssel zum Erfolg. Wenn du die Übungen fest in deine

Wochenabläufe integrierst, wirst du eines Tages überrascht sein, wie sehr sie dir sozusagen „in Fleisch und Blut" und natürlich in Geist und Seele übergehen. Sie helfen dir konkret dabei, deine Gedankenströme und mit ihnen einhergehende Emotionen loszulassen. Mit der Zeit wird es dir leichter fallen, ohne viel eigenes Zutun in den herrlichen Zustand des Gewahrseins zu gelangen. Viele deiner Lebensinhalte werden sich ordnen und Dinge, die dir unlösbar erscheinen oder dich belasten, beginnen sich wie von selbst zu regeln. Du musst nicht ständig etwas „machen", das heißt vordenken oder nachdenken. Du gibst einfach immer mehr ab an die universale intelligente Energie, die in dir ist und die dich umfließt.

Übung 1 – Achtsamkeit/Atem

Kontakt mit dem inneren Beobachter aufnehmen

Um aus dem gewohnten Gedanken- und Verstandesprogramm auszusteigen, beginne am besten mit dem Beobachten. Jede Minute, in der dir das gelingt, ist ein voller Erfolg!

Nimm dir am Anfang 3 bis 5 Minuten Zeit und wähle für die Übung einen ruhigen Ort, an dem du dich gut entspannen kannst.

- Finde eine bequeme Lage oder Sitzposition und schließe nun deine Augen.

- Lasse dich einige Male tief ein- und ausatmen.

- Nun bleibst du einen ganzen Atemzug lang in deiner Wahrnehmung: Du spürst die Einatmung, die kleine Pause, die Ausatmung, erneut die kleine Pause und wieder die Einatmung. Und du bist dir bewusst, dass all dies genau jetzt geschieht. Der Atem war nicht vorhin und er findet auch nicht nachher statt, sondern immer im Jetzt.

- Wenn Gedanken in dir auftauchen, dann beobachte sie, ohne dich mit ihnen zu identifizieren, und lasse sie weiterziehen.

- Du steigst gleich wieder in den nächsten Atemzug ein und bist mit deiner Aufmerksamkeit ganz bei deiner Atmung. Du nimmst wahr, wie die Luft durch deine Nase in deinen Körper gelangt und wie sie, nach einer kurzen Pause, wieder nach außen fließt.

- Deine ganze Aufmerksamkeit fließt mit deiner Atmung. Sie fließt während deiner Einatmung, während der kleinen Pause vor der Ausatmung, sie fließt während der Ausatmung und während der kleinen Pause vor der Einatmung und wieder während der Ausatmung.

- Halte deine Aufmerksamkeit und Wahrnehmung 3 Minuten lang mit deiner Atmung (Timer oder Wecker).

Versuche diese Übung regelmäßig in deinem Alltag unterzubringen. Wenn du einige Minuten mit deiner Aufmerksamkeit entspannt bei deiner Atmung bleiben kannst, übe während alltäglicher Situationen weiter. Wenn du dich mit offenen Augen wohler fühlst und trotzdem einige Minuten entspannt beobachten kannst, dann probiere diese Übung während anderer Tätigkeiten und mit offenen Augen.

Da diese Übung deine Konzentrationsfähigkeit erhöht, gibt es keine Einschränkungen bezüglich der jeweiligen Umgebung und Situation, in der du dich befindest. Du wirst feststellen, dass du nach einiger Zeit nicht mehr angestrengt versuchst, beim Beobachten zu bleiben, sondern dass es dir gelingt, währenddessen entspannt zu sein. Du wirst mit dieser

Übung auf Dauer ausgeglichener und zugleich nachhaltig wachsamer werden.

Eine ruhige und tiefe Präsenz wird in dir gedeihen und sich nach und nach in alles integrieren, egal womit du dich gerade beschäftigst.

Übung 2 – Fokus/Imagination

Mentale Verbindung zu Menschen herstellen

Mit dieser Übung beginnst du, deine herkömmliche Art der Kommunikation über deinen Verstand und mit deinen gewohnten Gedankenstrukturen zu erneuern – eine Art Update, mit dem du auf viele nervige und zeitraubende Wiederholungen und Bewertungen aus deinem alten Programm nach und nach verzichtest. Gleichzeitig installierst du eine neue und heilsame Art der Kommunikation und Verbindung zu dir und deiner Umwelt. Infolge dieser friedvollen Anbindung und Kommunikation beginnen sich die Dinge und Umstände in deinem Leben auf harmonische Art und Weise zu regeln.

Nimm dir am Anfang 10 Minuten Zeit für diese Übung. Die beste Zeit für diese Übung ist der frühe Morgen, gleich nach dem Wachwerden und noch vor dem Aufstehen.

- Stelle dir deine Frau, deinen Mann, (Freundin, Freund oder eine andere nahestehende Person) vor, schaue dieser Person in die Augen und nimm eine liebevolle Verbindung mit ihr auf.

- Schicke dieser Person die Liebe und Dankbarkeit, die du

148

empfindest. (Vielleicht sind es auch Botschaften, beispielsweise: „Danke, dass es dich gibt, ich liebe dich aus
vollem Herzen, möge alles geschehen, was gut für dich
ist.")

- Wenn dieser geliebte Mensch gerade vor einem Problem
  oder einer Herausforderung steht, beziehe dies mit ein.
  Sprich innerlich den Wunsch aus, dass sich alles zum
  Wohle aller Beteiligten entwickeln mag.

- Schaue nun dir selbst in die Augen (wie im Spiegel) und
  nimm eine liebevolle Verbindung mit dir selbst auf.

- Schicke dir selbst all das, was du brauchst, um im Einklang mit allem zu sein. (Du kannst dir selbst beispielsweise leise sagen: „Ich liebe dich, es ist schön, dass es
  dich gibt. Sei glücklich, alles ist gut.")

Diese wirksame Übung lässt sich nun beliebig erweitern und
fortsetzen. Wähle an den folgenden Tagen und Wochen jeweils
morgens eine weitere Person aus – (Familienmitglieder, Freundeskreis, Bekannte, Kollegen und so weiter.) Später folgen
Menschen, mit denen du es gerade schwer hast, die du aus
irgendeinem Grund nicht magst oder von denen du enttäuscht
bist. Wenn dir die Übung guttut, kannst du sie zu deiner regel-
mäßigen Praxis machen. Wähle auch Menschen, die du nicht
persönlich kennst, solche, denen es nicht gut geht, oder jene,
die Kriege schüren. Es spricht nichts dagegen, Personen auch
wiederholt auszuwählen.

Achte bei deinen Sendungs-Wünschen darauf, dass du
nichts forderst. Wünsche nichts, das nur für dein Ego gut wäre,
denn damit stärkst du nur dein identifiziertes Ich. Lasse deine
Wünsche allen Beteiligten gelten (beispielsweise: „Möge es dir
gut gehen. Mögest du glücklich sein und auch alle, die mit dir
sind.").

Du kannst dich in dieser Ausrichtung beispielsweise auch auf bevorstehende Herausforderungen oder Konflikte einstellen. (Gespräch mit dem Finanzamt, Streit mit dem Nachbarn …) Stelle dir die Person vor, verbinde dich mit ihr. Wünsche und beschließe, dass sich alles zum Guten für beide Seiten auflösen kann. Es gibt keinerlei bewertende Gedanken, keinen Ärger, keine Wut, Aggression, Rachegelüste. An die Stelle negativer Emotionen treten ein aufrichtiges Interesse und eine tiefe Bereitschaft, zu verzeihen und neu anzufangen.

Du setzt dich energetisch dafür ein, dass es allen gut geht, dass sich alle Probleme lösen – ohne Gewalt, Hass und Gier. May all beings be happy!

Übung 3 – Emotion/Herzraum

Subtile Öffnung der Gefühlswelt

Diese Übung ist eine direkte Erweiterung der Kontaktaufnahme aus Übung 2. Du nimmst die Wahrnehmung eines Körperbereichs hinzu: den Brustraum. Neben den anatomischen Besonderheiten kannst du hier den Sitz deiner Gefühle annehmen. Das Herz ist aber auch ein wichtiges subtiles Energiezentrum. Nach der Lehre des hinduistischen Tantrismus befindet sich hier das sogenannte „Herz-Chakra".

Nutze diesen direkten Zugang zu deiner Gefühlswelt wie einen weiteren Sinn (Wahrnehmung). Die subtile Rezeptivität des Brustraums (Herz) bedingt, dass du noch klarere aktuelle Informationen erhältst und den transpersonalen Raum noch deutlicher erfährst.

Nimm dir zu Beginn wieder 10 Minuten Zeit und wähle für diese Übung einen ruhigen Ort, an dem du dich gut entspannen kannst.

- Finde eine bequeme Lage oder Sitzposition und schließe nun deine Augen. Spüre deinen Atem, indem du der Ein- und Ausatmung folgst – nimm auch die kleinen Pausen dazwischen wahr.

- Lege nun eine Hand auf den Brustkorb – so, wie es sich für dich gut anfühlt. Zusätzlich zur Atmung nimmst du deinen Herzschlag wahr: Dein Brustkorb hebt und senkt sich und du stellst dir vor, wie dein gesamter Organismus vom Schlagen des Herzens gespeist wird. Genieße die wohltuende Berührung und die Wärme deiner Hand auf deinem Herzen.

- Stelle dir eine Person oder ein Wesen vor, mit der/dem du dich herzlich verbunden fühlst (beispielsweise deine Partnerin, dein Partner, dein Kind, dein Haustier ...). Vielleicht verbindet euch beide ein Blick, eine Geste, oder du bemerkst einen Lichtstrahl ...

- Spüre hinein in diese liebevolle Verbindung: Nimm wahr, welche Gefühle sie in dir hervorruft (Dankbarkeit, Freude, Liebe ...). Möglicherweise füllt eine heilende Wärme dein Herz aus. Du spürst wieder deinen Atem, die Berührung deiner Hand, deinen Herzschlag. Gewahre, dass all dies jetzt geschieht.

- Wechsle nun nacheinander in deiner Vorstellung zu anderen Personen (Familie, Freunde ...). Nimm wahr, welche Gefühle sie in dir hervorrufen. Nimm dir für jeden Einzelnen Zeit. Du spürst deinen Atem, die Berührung deiner Hand, deinen Herzschlag und gewahrst, dass all dies jetzt geschieht.

- Dann kommen in deiner Vorstellung Menschen hinzu, die dir nicht so nahe stehen, und auch die, mit denen du Probleme zu haben scheinst. Nimm wahr, welche Gefüh-

151

le sie in dir hervorrufen (beispielsweise der Wunsch nach Versöhnung oder nach einer Lösung des Konfliktes). Du spürst wieder deinen Atem, die Berührung deiner Hand, deinen Herzschlag und gewahrst, dass all dies jetzt geschieht.

- Stelle dir vor, dass alle diese Verbindungen bestehen bleiben dürfen, weil du die Erlaubnis dazu gibst. Wenn du dich bedanken möchtest, folge diesem Impuls.

- Kehre nun wieder zurück aus deiner Imagination und öffne langsam die Augen. Gönne dir im Anschluss etwas Ruhe.

Immer dann, wenn du von destruktiven Gedanken über Menschen oder Situationen eingeholt wirst, schicke diese Gedanken weg. Erinnere dich daran, dass du bereits mit allem verbunden bist und dass diese Verbindungen bestehen bleiben – unabhängig davon, ob es Menschen betrifft, die du liebst und wertschätzt, oder Menschen, bei denen dir das schwerfällt.

Wenn du diese wie auch die anderen Übungen häufig wiederholst oder regelmäßig anwendest, achte bitte darauf, inwiefern sich die Dimension deiner Liebe allmählich erweitert. Du wirst bemerken, dass sich weitere, bisher vielleicht noch unbekannte Qualitäten und Aspekte der Liebe eröffnen.

Die Liebe mag dir neu und tiefer erscheinen, aber auch wie ein uraltes, ewiges Gefühl, das dich schon immer begleitet. Spüre dein Herz!

Übung 4 – Körper/Basis

Kraft tanken aus der Erde

Diese Übung ist hervorragend geeignet, vor komplexen Gesprächen, herausfordernden Meetings oder anspruchsvollen Seminaren und Workshops anzuwenden. Sie hilft dir dabei, präsent zu sein und mit beiden Beinen fest auf der Erde zu stehen. Sich wirksam zu „erden", gehört zu den Basics. Ein südamerikanischer Schamane erzählte mir einmal, die energetische Verbindung zwischen unserem Körper und dem Boden könne als Lichtfäden wahrgenommen werden.

Über diese Verbindung zu „Mutter Erde" kannst du bei Bedarf belastende Emotionen abgeben und vitale Kraft aus der Erde aufnehmen. Du fühlst dich zu Hause und in dieser Welt willkommen.

Für diese Übung kannst du idealerweise aufrecht stehen, aber auch sitzen oder liegen.

- Schließe deine Augen und atme ruhig ein und aus. Nimm wahr, wie deine Fußsohlen fest auf dem Boden aufliegen.

- Stelle dir nun vor, dass Lichtfäden wie leuchtende Wurzeln vom Steißbein aus deinem Körper dringen, tief in das Erdreich hineinreichen und sich im Boden fest verankern.

- Achte weiter auf deine ruhige, regelmäßige Atmung.

- Schicke deine Ängste, Zweifel, Wut oder andere hemmende und destruktive Emotionen durch die Lichtfäden in die Erde – wo sie auf leichte Weise neutralisiert werden.

- Konzentriere dich und erspüre die Schöpfungsenergie in der Erde, und lasse sie dir reichlich schenken, damit auch du innerlich wachsen kannst. „Tanke" die Energie, um selbst schöpferisch und kreativ sein zu können.

- Spüre weiter in die lichtvolle Verbindung hinein: Du bist präsent! Du bist niemals allein! Du bist willkommen, so, wie du bist!

Bei regelmäßigem Üben wirst du mit der Zeit immer öfter ein Kribbeln am Steißbein spüren, welches auch mit einer tiefen Entspannung in diesem Bereich einhergehen kann. Auf diese Weise nimmst du physisch-energetisch deine Erdung wahr. Du fühlst dich lebendig!

Die körperliche Erfahrung der Erdverbundenheit verleiht dir nach und nach immer mehr Stabilität im Leben, aber du gewinnst auch ein tieferes Verständnis für andere Menschen und Wesen, ja, für alles Lebendige – wie für dich selbst.

Übung 5 – Seele/Intuition

Das „Dritte Auge" – Erkenntnis und Erfahrung jenseits der Formen

Im Bereich zwischen deinen Augenbrauen befindet sich das Stirn-Chakra, eines der bereits erwähnten feinstofflichen Energiezentren, es wird auch als das „Dritte Auge" bezeichnet. Viele fernöstliche Traditionen gehen davon aus, dass dieser Punkt durch spirituelles Üben subtil „geöffnet" werden kann – beispielsweise über Meditation. Damit wird vor allem die Ausbildung einer noch feineren Intuition und Wahrnehmung in Verbindung gebracht – beispielsweise die Fähigkeit, „in andere Dimensionen zu sehen", Visionen zu haben, hellsichtig zu sein ..., oder einfach ausgedrückt, das zu sehen, was „wirklich" ist.

Die Übung kann dir helfen, zunächst deine Umwelt in Ruhe zu betrachten. Innerlich öffnest du dich dafür, annehmen zu können, dass die Dinge anders sind, als du glaubst, und die Welt auf eine andere Art zu sehen, als du es gewohnt bist. Dein Blick wird sozusagen „weich" (gelöster), wenn du das, was du siehst, nicht sofort bewertest, kategorisierst und interpretierst. Deine subtile Wahrnehmung prägt sich mehr aus und die aufgenommenen Informationen werden umfänglicher. Die Informationsinhalte können deinen eigenen Zustand betreffen, aber auch bestimmte Situationen oder Menschen. Sie kommen unverfälschter aus dem Energiefeld um dich herum bei dir an. Du wirst dich darüber wundern, was und wie intensiv bzw. vielschichtig du alles wahrnimmst.

- Schließe deine Augen und nimm einige tiefe Atemzüge.

- Spüre die Einatmung, die kleine Pause, die Ausatmung, die kleine Pause und wieder die nächste Einatmung.

- Lege einen (oder beide) Zeige- oder Mittelfinger sanft auf dein Stirn-Chakra zwischen deinen Augenbrauen. Richte dich hier spürend ein.

- Gib dir innerlich die Erlaubnis, andere Informationen zu erhalten als bisher, neue Entdeckungen zu machen und die üblichen Grenzen zu verlassen. Erkläre dich bereit, über die gewohnten Strukturen hinaus und hinter die scheinbaren Formen zu schauen.

- Spüre noch eine Weile deine Atmung.

- Öffne dann deine Augen und stelle dir vor, dass auch dein „Drittes Auge" geöffnet ist.

- Lasse dich ganz auf dein tieferes Schauen ein.

- Sobald dein Verstand anfängt, das Gesehene zu beschreiben oder zu kommentieren, halte kurz inne, konzentriere dich auf deinen Atem und kehre in den Jetzt-Raum zurück. Aktivere dein „Drittes Auge" neu.

Diese Übung kann besonders wohltuend sein, wenn du unter Menschen bist oder in stressigen Situationen, aber auch in der Natur. Öffne dich bewusst dafür, mehr wahrzunehmen, als du schon „kennst" oder „weißt". Dieses Mehr kann sich beispielsweise auf Hintergründe, Umstände, Zusammenhänge oder Verstrickungen usw. beziehen, aber auch auf Dinge, die vergangen sind oder zukünftig sein werden. Es kann beispielsweise sein, dass du in einem Gespräch plötzlich konkreter verstehst, was dein Gegenüber eigentlich möchte oder meint. Du wirst leichter erkennen, wie es hinter der Fassade aussieht.

Dein „Drittes Auge" eröffnet dir neue, andere Perspektiven und bewirkt Erweiterungen deines Bewusstseins – jenseits theoretischer Zuordnungen und tradierter Inhalte.

Anwendungsbereiche

Trainingsplan zur Ganzheit

Es wird Zeiten geben, da vergisst du die Übungen einfach. Das nenne ich „spirituellen Alzheimer" – so gut wie jeder und jede Trainierende leidet darunter. Doch mit der Zeit werden diese Vergesslichkeitsschübe weniger häufig eintreten, weil du dir dessen immer bewusster wirst. Zugegeben: Es ist Arbeit, es kostet Disziplin, und deine Egostrukturen werden dich oft ablenken oder davon überzeugen wollen, dass das alles Unfug sei. Gerade dann weißt du, dass du auf einem guten Weg bist.

Beginne morgens, wenn du erwachst, mit den **Übungen 1 und 2**. Installiere deine Beobachter-Position und verbinde dich in liebevoller Weise mit deiner Umgebung. Du kannst die **Übung 3** zur Öffnung deines Herzraums direkt anschließen. (Wähle für die Übungen 2 und 3 jeweils bestimmte Menschen oder Wesen aus, die gerade in dein Blickfeld kommen.) Vergiss nicht, dich auch mit dir selbst zu verbinden. Nutze die Zeit im Bad dazu, dir ganz real im Spiegel in die Augen zu sehen und dir selbst zu wünschen, dass alles im Einklang sei.

Bevor du aus dem Haus gehst, widme dich der **Übung 4**, um dich gut zu verwurzeln und deine Basis für den Tag zu stärken.

Sobald du auf Menschen triffst oder in dein Tagesgeschehen eintauchst, aktiviere mit der **Übung 5** das „Dritte Auge" und setze den „weichen Blick" auf.

Die fünf Übungssequenzen im täglichen ganzheitlichen Trainingsprogramm müssen nicht viel Zeit in Anspruch nehmen. Eine Routine wird sich mit der Regelmäßigkeit einstellen, sodass deine morgendlichen Abläufe nahtlos mit dem Üben verwoben sein können. Wenn es dein Tagesplan erlaubt, kannst du auch alle fünf Übungen hintereinanderschalten.

Der Morgen ist eine besonders gute Zeit für deine Praxis, weil du noch erholt und erfrischt und nicht abgelenkt oder in Anspruch genommen bist. Während des Tages kannst du die Basics aller Übungen immer wieder auffrischen:

Beobachter – Verbindung – Herzraum – Erdung – Drittes Auge.

Versuche diese Grundübungen wirklich jeden Tag anzuwenden. Es gibt keine Lebenssituation, in der du nicht üben kannst, und je mehr du diese Möglichkeiten dafür auch in Anspruch nimmst, desto besser wird es dir gehen.

Einzelanwendungen

Du wirst wahrscheinlich selbst immer klarer herausfinden, welche Übungen (auch Kombinationen) dich in welchen Situationen besonders unterstützen. Ich stelle dir im Folgenden ein paar ausgewählte Anwendungsbereiche vor.

<u>Hinweis:</u> Die dazu empfohlenen Übungen ersetzen keine medizinische Versorgung oder eine psychotherapeutische Behandlung.

Achte beim Üben jeweils darauf, dass du möglichst ungestört bist, und nimm dir in etwa 15-20 Minuten Zeit dafür.

Müdigkeit/ Stress/ Überforderung/ Konflikte

Wer kennt das nicht: Zu viel Arbeit, anstrengende Gespräche, oder kraftraubende Begegnungen, irgendwie ist die Luft raus, aber der Tag noch nicht zu Ende. In solchen Situationen solltest du vor allem auf deinen Atem achten und deine Beobachter-Position einnehmen **(Übung 1)**.

Verbinde dich über die Lichtfäden vom Steißbein aus mit der Erde **(Übung 4)**, um zur Ruhe zu kommen. Stelle dir vor, wie die Müdigkeit, der Stress, die Überforderung und die damit einhergehenden Emotionen in die Erde abfließen und du im Gegenzug Kraft aus der Erde tankst. Du erinnerst dich an die göttliche Schöpfungs-Fülle, deren Teil du bist. Du bist willkommen!

Konzentriere dich auf dein Herz **(Übung 3)** und verbinde dich mit deinem inneren Spiegelbild **(Übung 2)**. Sage zu dir selbst (beispielsweise): „Es ist alles gut, wie es ist. Es wird sich alles finden, sodass es für alle gut ist. Es darf leicht sein und ich löse mich von Leid und Stress. Ich bin bereit, glücklich zu sein. Mögen alle Wesen glücklich sein."

Stimmungslagen / innere Leere / Lustlosigkeit

Manchmal ist einfach der Wurm drin: Nichts läuft so richtig, die Stimmung ist dahin und du fühlst dich leer. Kein Problem! Hier hilft spontan eine kurze kombinierte Übungs-Sequenz **(Übungen 1 und 3)**. Du spürst deinen Atem und aktivierst deinen Beobachter-Modus, um aus der vermeintlich **PERSÖNLICHEN** Betroffenheit auszusteigen. Dann verbindest du dich aktiv mit deinem Herzen und nimmst wahr, was es dir gerade zu sagen hat. Was auch immer die Botschaft sein mag, erlaube ihr, da zu sein. Nimm dein inneres Selbstbild wahr und versichere dir selbst, dass alles gut ist.

Wenn eine besonders konfuse Stimmung vorherrscht, ist es ratsam, diese nicht zu hinterfragen. Bleibe geduldig in deiner aufmerksamen Verbundenheit, dann erklärt sich die vermischte Gefühlslage meist von selbst. Sei einfach bereit, dass alles leichter wird. Bleibe liebevoll mit deinem Herzen verbunden und fühle den zwischenmenschlichen Reichtum in deinem Leben (Familie, Partner/in, Freunde …).

Angstvolle Starre und furchtsame Aufregung sind keine guten Berater, daher höre besser nicht auf sie. Stabilisiere unablässig deine innere Beobachter-Position **(Übung 1)**, um zur Ruhe zu kommen, und verwurzele dich dann in deiner Basis mit der Erde **(Übung 4)**, um die defensiven Emotionen abzugeben und energetische Stärke zu tanken.

Solltest du öfter mit Angst, Sorgen (oder „Lampenfieber") zu kämpfen haben, kannst du dich mit der Erweiterung deiner medialen Fähigkeit **(Übung 5)** auf die Suche nach den ferneren Ursachen (in der Vergangenheit) machen. Nimm dir Zeit, den tieferen Gründen der angstvollen Blockierung auf die Spur zu kommen. Wenn du deine Identifizierungen (Egostrukturen) in der Vergangenheit erkennst, kannst du sie auflösen und aus der Angst-Illusion aussteigen. Nutze dabei die Vorstellung: Alles geht leicht und regelt sich zum Wohle aller Wesen.

Bedenke auch, dass du nicht allein davon betroffen bist, denn Angst existiert überall: in unserer Kultur, im Glauben, in der Wirtschaft. Angst ist ein kollektives Problem und wir stehen alle in diesem energetisch geladenen „Angstfeld". Doch absolut nichts da draußen ist so wichtig, dass du davor Angst haben müsstest. Dein innerer Beobachter, deine innere Beobachterin ist immun gegen Angst und Furcht.

Einsamkeit/ depressive Verstimmung

Einsamkeit ist eine spezielle Form Ego-gesteuerter Angst: Es gibt sie eigentlich nicht und dennoch fühlst du dich schrecklich allein. Die Ursache liegt in der Illusion, von allem getrennt zu sein. Genauso sind auch depressive Empfindungen Folgen massiver Trennungsvorstellungen. Die niederschmetternden Gedanken laufen immer im Kreis und füttern dich permanent mit entmutigenden Bildern. Dafür kann es viele Gründe geben, beispielsweise frühkindliche Verletzungen und traumatisierende Erfahrungen von Kontaktabbruch oder fehlender Zuwendung.

Einsamkeit und Depression gehen häufig Hand in Hand, daher hast du es mit einer sehr sensiblen Gefühlslage zu tun, der du mit Sanftheit begegnen solltest. Verbinde dich zuerst liebevoll mit dir selbst und mit Mutter Erde **(Übung 4)** und öffne dann deinen Herzraum **(Übung 3)**, in dem all die schmerzhaften Emotionen „eingelagert" sind. Es geht zunächst darum, deinen Schmerz mitfühlend zu akzeptieren, sozusagen innerlich zu umarmen. Heiße ihn willkommen, denn er hat eine wichtige Botschaft für dich.

Diese Übung ist geeignet, um dir selbst bewusst die Liebe zu schenken, die du brauchst (beispielsweise stellvertretend für die Person, die dich in deiner Kindheit vernachlässigt hat). Gut möglich, dass mit dem Schmerz verknüpfte Szenen aus deinem Leben auftauchen, dann verbinde dich wohlwollend im Herzen mit ihnen.

Du kannst bei Bedarf die Sequenz „Augenkontakt im Spiegelbild" **(Übung 2)** kombinieren, um die Verbindung zu dir selbst spürbarer zu machen. Es mag allerdings sein, dass du dafür etwas Geduld brauchst, zum Beispiel wenn der Teil in dir, der sich einsam und verlassen fühlt, große Angst hat, erneut abgewiesen zu werden und deshalb den Kontakt scheut. Dieser Teil verdient auf jeden Fall deinen Respekt. Vielleicht sprichst du dir selbst hörbar gut zu und schenkst dir Mut und Zuversicht. Versprich dir zum Beispiel selbst: „Danke, dass es dich gibt. Ich werde dich nie alleine lassen, von heute an bleibst du bei mir, du bist willkommen!" Und vielleicht sagst du auch so etwas wie: „Danke, dass du dich zeigst und ich dich sehen und spüren darf."

Sobald du dich mit dir selbst wohl fühlst, kannst du innerlich weitere Verbindungen aufbauen, zu Menschen oder auch Tieren, die dir wichtig sind (**Übung 3**). Achte darauf, dass du mit dir selbst dabei gut im Kontakt bleibst, beispielsweise über die Wahrnehmung deiner Atmung und deines Herzschlags. Die beiden Verbindungs-Übungen führen nachhaltig dazu, dass Schwermut und Einsamkeit weniger stark empfunden werden, auch wenn du körperlich alleine bist. So machst du die Erfahrung, dass Allein-Sein keine Bedrohung für dich darstellt, denn energetisch bist du nie getrennt von allem.

Krisen/ Probleme

Probleme gehören zur Tagesordnung, Krisen leider auch – doch hinterher sind sie fruchtbar, weil sie uns weiterbringen.

Wenn du in einer Krise steckst oder vor lauter Problemen nicht mehr weiterweißt, hast du vielleicht den Eindruck, deine vertrackte Situation sei quasi nur ganz allein für dich gestrickt. Und doch ist es immer nur eine Sache der **PERSÖNLICHEN** Perspektive.

Jede Herausforderung in deinem Leben stellt dir ein Wachstumspotenzial zur Verfügung. Änderst du deine Sichtweise, ändert sich auch deine Einschätzung deiner aktuellen Lage. Schalte im ersten Schritt in den Beobachtungs-Modus (**Übung 1**) und verbinde dich dann mit deiner aktuellen Situation, den Begleitumständen und der damit einhergehenden Angst und Frustration so vollständig wie möglich. Vergegenwärtige dir aus deiner neutralen Position die Glaubenssätze, die deiner bisherigen Einschätzung zugrunde lagen (beispielsweise:

„Das schaffe ich nie!") und bewerte diese nicht, um aus der Identifizierung mit dem Leiden aussteigen zu können.

Öffne dich im zweiten Schritt über die Aktivierung deines Stirn-Chakras **(Übung 5)** für alternative Potenziale und verborgene Lösungsansätze – die nur mit dem „weichen Blick" zu sehen sind. Lade bewusst die Möglichkeit ein, neue Wege zu gehen. Nutze zur Unterstützung die Kraft deines Herzraums **(Übung 3)** und formuliere deine Zuversicht: „Mögen alle Dinge zum Wohle aller Beteiligten geheilt und gelöst werden." Auch wenn du nicht weißt, wie diese Lösung aussehen kann, verbindest du dich mit der größeren Intelligenz der göttlichen Ordnung.

Tipp: Nutze unabhängig davon auch zukünftig verschiedene, für dich passende Sätze der Zuversicht und des Vertrauens (aus den **Übungen 2 und 3)**, um sie anstelle deiner bisherigen destruktiven Glaubenssätze nachhaltig zu verinnerlichen. Diese positiven Affirmationen werden dir im Alltag helfen, dich innerlich immer selbstverständlicher auf Heilung und die lösende Kraft der göttlichen Ordnung auszurichten.

Perspektiven der Praxis

Aus Erfahrung empfehle ich dir, möglichst täglich zu üben und dir dafür Zeit zu nehmen. Je regelmäßiger du die fünf Übungen trainierst, desto leichter fällt es dir, sie entsprechend deinen aktuellen Bedürfnissen auszuwählen und anzuwenden. Du wirst auch bemerken, dass die Übungen sich gegenseitig ergänzen und unterstützen. Beispielsweise wird es dir ganz natürlich erscheinen, dass die Aktivierung deiner Beobachter-Position **(Übung 1)** als Vorbereitung für die Verbindungs-Sequenzen **(Übungen 2 und 3)** dient. Ähnlich nahe stehen die Öffnung des „Dritten Auges" **(Übung 5)** und die Verbindung mit der Erde über die Lichtfäden **(Übung 4)**.

Mit der Zeit wirst du auch feststellen, dass bestimmte Körperregionen und Energiezentren (Chakras) sich ohne dein Zutun von selbst aktivieren und verbinden. Das ist eine wunderbare Erfahrung!

Bedenke: Dein Bewusstsein ist natürlicherweise auf ein energetisches Miteinander ausgerichtet, das heißt auf ein **glückliches Miteinander**. Isolation und Leid, Trennung und Angst stehen nicht auf der Agenda deines reinen Gewahrseins, sie dienen lediglich deinen Egostrukturen, welche dir vorgaukeln, du selbst zu sein.

Der Weg zum energetischen Miteinander ist ein Prozess, kein einmaliger Aufstieg, daher ist es von Bedeutung, Schritt für Schritt weiterzugehen – jeden Tag. Die fünf Grundübungen sollten also zu deiner neuen Gewohnheit und Routine werden, damit sich die Effekte und **Perspektivenwechsel** auf Dauer nachhaltig in dein Leben integrieren lassen. Neben dem allmorgendlichen Üben bietet es sich an, über den Tag verteilt im Übungsmodus zu bleiben, wann immer es sich anbietet oder deine Situation es nahelegt – besonders dann, wenn deine Egostrukturen dich dazu herausfordern, dich zu ärgern, irgendetwas zu bewerten oder einen Gedanken immer wieder wie ein Papagei zu wiederholen.

Angenommen, du bist wieder einmal in einem Ego-Gedanken-Karussell gefangen und plagst dich mit aufwühlenden Emotionen: Atme einige Male bewusst tief ein und aus, um dich kurz zu konzentrieren. Aktiviere deine Beobachter-Position und verbinde dich – wo immer du gerade bist – mit der entsprechenden Situation. Du gewinnst deinen natürlichen, „UNPERSÖNLICHEN" Abstand zu deinen Gedanken und Emotionen und lässt die Energie der **göttlichen Ordnung** damit lösend arbeiten.

Natürlich wird es immer wieder Themen, Situationen und Inhalte geben, bei denen es dir schwerer fällt, sie innerhalb deiner Egostrukturen loszulassen. Dann weißt du aber, dass es sich um prägende Leidensgewohnheiten handelt, die meist auf alten, frühkindlichen Verletzungen aufbauen. Daher bist du immer wieder herausgefordert, sanft mit dir selbst umzugehen und dein Training beharrlich fortzusetzen. Nutze deine individuellen **positiven Affirmationen** der Zuversicht und des Vertrauens, um dich von alten Glaubenssätzen zu lösen. Gelingt dir das mehr und mehr, wirst du feststellen, dass deine innere Bereitschaft, zu leiden, schwindet, dein inneres Drama immer kürzere Vorstellungen präsentiert und du auch immer seltener ins Kino gehst.

*

Du wirst übrigens nicht nur Teile deiner Egostrukturen allmählich ablegen, sondern ihre Wieder-Auftritte auch gelegentlich nervig und langweilig finden – und die deiner Mitmenschen auch. Das bedeutet im Klartext: Du wirst eher ungern einen ganzen Abend lang mit deinen Kollegen in einer Kneipe sitzen und über die vermeintlich katastrophalen Zustände in der Firma sprechen oder mit Freunden Beziehungsdramen ausdiskutieren. Du wirst immer weniger Zeit in dein eigenes scheinbares Drama und dein Leiden stecken.

Wenn du damit beginnst, dich mit allem um dich herum zu verbinden, wirst du erkennen und erfahren, was Hingabe in deinem Fall zu bedeuten hat: Dir werden alle Wesen – Menschen, Tiere und Pflanzen – ans Herz wachsen. Du empfindest **gesteigerte Empathie**, kannst dich leichter in die entsprechenden Rollen deiner Mitmenschen hineinversetzen und wirst sparsamer mit deinen Bewertungen und Verurteilungen. Du erfährst **PERSÖNLICH** den Wert der Aussage: „Urteile niemals über jemanden, in dessen Mokassins du nicht wenigstens zwanzig Meilen gelaufen bist."

Du beginnst damit, das Leben anderer nicht mehr unmittelbar mit deinem eigenen Leben zu vergleichen, und lernst, die

Anderen so zu nehmen, wie sie gerade sind. Du wirst sie nicht verurteilen, weil sie nicht deiner Vorstellung entsprechen in dem, was sie denken und fühlen und tun.

Dies gelingt zunächst leichter mit dem weiteren Bekannten- und Freundeskreis. Bei Menschen, die dir sehr wichtig und sehr nahe sind, kann es herausfordernder sein, ihr Verhalten nicht **PERSÖNLICH** zu nehmen. Wenn dein Leben mit Menschen und ihren Schicksalen eng verknüpft ist, fällt es meistens schwerer, sie so zu akzeptieren, wie sie sich momentan verhalten. Erwartungen, Bedingungen, Pflichten und Verstrickungen beschäftigen meist vordergründig deine Beziehung zu ihnen. Diese Verstrickungen zeigen dir jedoch die Muster deiner eigenen Egostrukturen – inklusive Opfer- und Täterrollen. Immer wieder, so scheint es, fällst du auf dieselben Einladungen, zu reagieren, herein. Deine Egostrukturen lösen sich jedoch auf deinem Weg des Übens immer weiter auf, bis du bereit bist, dich vom Leiden vollständig zu lösen. Dann wirst du bereit sein, von niemandem, der dir nahesteht, zu erwarten, dass sie oder er sich zu ändern habe.

*

Andererseits scheint es wichtig, deine eigenen Grenzen zu setzen und deinen Raum bewusst einzunehmen. Du kannst zwar niemanden außer dich selbst ändern, allerdings kannst du auch klar zu dem stehen, was dir gerade guttut. Und um zu wissen, was dir wirklich guttut, ist es wichtig, deine **Selbstwahrnehmung** zu trainieren. Das bedeutet, zu immer mehr Klarheit zu kommen über dich selbst. Nur diese Klarheit wird dir auch die Aufrichtigkeit ermöglichen, anderen gegenüber für deine Bedürfnisse einzustehen. Wenn du beginnst, aufrichtig, selbstliebend und dabei wertschätzend dir und anderen gegenüber zu sein, kommt deine wohlmeinende Intention viel direkter an, als wenn du dich verstellst, anpasst oder versuchst, besonders liebenswürdig zu sein. Jede Absicht, die du aufrichtig und wertschätzend denkst und formulierst, hat die besten Chancen, klar und ohne Interpretationen bei deinen Mitmenschen zu landen. Nur so bekommen sie eine Vorstellung davon, wer du bist und was dich wirklich beschäftigt.

*

Nicht zuletzt wirst du mehr Zeit als zuvor darauf verwenden, einfach zu „sein" und dieses Sein zu genießen. Du fühlst dich aufgehoben und verbunden und es geht dir einfach gut. Dieses In-Verbindung-Sein mit allem, was ist, wird zunehmen und immer öfter fühlst du dich durch und durch glücklich, ohne ersichtlichen Grund. Vielleicht erfährst du, dass der eigentliche Zustand des Seins, die Glückseligkeit, immer in dir ist, wenn du bereit bist, ihn zwischen all den Leidensangeboten deiner Egos wahrzunehmen. Manchmal ist diese Glückseligkeit wie ungebremst und ungefiltert da – dann bist du auf wunderbare, dankbare Weise verbunden. Manchmal drückt sich diese Glückseligkeit auch in einem gesteigerten Mitgefühl aus und du nimmst die Trauer, das Leid und die Zerstörung, die um dich herum geschehen, intensiver wahr.

Dann wird es möglicherweise wieder Zeiten geben, in denen es dir so gar nicht gelingt, aus deinen Ego-Identifikationen auszusteigen – und auch das gehört einfach dazu. Du findest jedoch immer wieder zur Verbundenheit zurück, indem du diese vorübergehenden Zustände gelassen hinnimmst und wieder loslässt. Tiefere Einsichten werden dich dazu veranlassen, deine Perspektive auf die Dinge nachhaltig zu ändern und die einstudierten Ego-Programme umzuschreiben. Deine Hingabe und Liebe in deinem inneren Erleben werden sich nach und nach auch in deinem Außen manifestieren. Wenn dieser Prozess voranschreitet, verstehst du, dass der Weg von innen nach außen führt und nicht, wie angenommen, von außen nach innen.

SCHLUSSWORT

Auf der Reise zum Selbst brauchen wir den Mut, uns ein freies Bewusstsein und ein glückliches Miteinander vorzustellen und einzuladen. Und wir brauchen die Ausdauer und konsequente Hingabe, uns immer wieder von unseren gewohnten Leidensstrukturen zu trennen, indem wir uns verbinden – mit der Welt „draußen", die wir ja selbst kreiert haben, und mit der Welt in uns „drin", mit der wir die Zukunft gestalten. Die innere Arbeit und der Einsatz im Außen sind wichtig, das gilt für internationale Menschenrechte und Grundrechte ebenso wie für den bewussten Umgang mit allen Ressourcen, damit wir überlebensfähig sind.

Unsere stete Entwicklung im Innern ist absolut essenziell, da sie im Außen alles steuert. Neben jeder wichtigen Aktion und Präsenz im Außen braucht es also zuerst die innere Erfahrung und Vernetzung, um miteinander glücklich zu sein.

*

Wenn es mir gelungen ist, dich mit diesem Buch zu erreichen und zu inspirieren, dann freut mich das aus tiefstem Herzen.

Danksagung

Der erste Dank geht an meine Klient*innen, durch deren Bereitschaft und Feedbacks ich anonymisierte Praxisbeispiele darstellen konnte.

Dann danke ich meinen Freund*innen und meinen Brüdern, die mich mit wertvoller Kritik unterstützt haben.

Lieben Dank an Dr. Hanne Landbeck, die als erste Lektorin das Buch in eine realistische Form brachte.

Besonderer Dank geht an Ina Kleinod, die als zweite Lektorin den weiteren Gestaltungsprozess im Feinschliff begleitet hat. So konnte das Buch zu dem werden, was es heute ist!

Vielen Dank auch an Natalie Nicola und Konstantin Banmann, die sich liebevoll und kreativ des Buchsatzes und der Gestaltung angenommen haben.

Der größtmögliche Dank gilt meiner Frau Christin, die geduldig unendlich viele Textvariationen im Alltag wie im Urlaub las, korrigierte und jederzeit bereit war, wertschätzende Vorschläge zu machen. Sie begleitete mich durch absolute Tiefen und Höhen, ermutigte mich, wenn ich aufgeben wollte, und stärkte mich, wenn es für mich aussichtslos schien. Danke dir, Christin, du bist das Wunderbarste, das es für mich gibt!

Herzlichen Dank an alle namentlich nicht genannten Personen, die die Entwicklung und Fertigstellung dieses Buches unterstützt haben.